Josiah Tucker

Cui Bono?

Eine Untersuchung was für Vorteile entstehen können

Josiah Tucker

Cui Bono?
Eine Untersuchung was für Vorteile entstehen können

ISBN/EAN: 9783743455689

Hergestellt in Europa, USA, Kanada, Australien, Japan

Cover: Foto ©Suzi / pixelio.de

Manufactured and distributed by brebook publishing software (www.brebook.com)

Josiah Tucker

Cui Bono?

CUI BONO?

oder eine

Untersuchung

Was für Vortheile entstehen können sowohl für die Engelländer, oder für die Amerikaner, als für die Franzosen, Spanier oder Holländer aus den größten Siegen, oder besten Erfolge in dem gegenwärtigen Kriege

Dargethan

in einer Reihe von Briefen

gerichtet an

Herrn Necker

gewesten Generalkontrolleur der französischen Finanzen.

Zwote Auflage,

nebst einem Plane

zu einem allgemeinen Frieden

Von

Josias Tucker, D. D.

Dechant zu Glocester.

Aus dem engelländischen von K. S. übersetzt.

Linz, gedruckt bey Johann Michael Pramsteibel, O. Oe. Landschaft, und Akademischen Buchdrucker.

I. Brief
an Herrn Necker.
Cui Bono?

Mein Herr!

Ein Mann, wie Sie mein Herr, der sich in so verwickelten Umständen, wie die dermaligen sind, und zwar in der Stelle eines Generalfinanzkontroleurs von Frankreich vorzüglich auszeichnete, konnte leicht voraus sehen, daß er von vielen Schriftstellern angefallen; hingegen auch von vielen vertheitiget werden würde. Sie, mein Herr, haben eines sowohl als das andere erfahren, und werden vielleicht gegenwärtig schon genugsam von einigen mit Lobeserhebungen überladen, und von andern mit äuserster Härte getabelt worden sein. Daher es sehr natürlich ist von Ihnen zu schließen, daß Sie nicht ungehalten sein werden, wenn ein anderer Schriftsteller neuerdings das Publikum mit Ihnen bekannt macht, da es nur eine Wiederholung dessen ist, was es schon so oft gehört hat. Wollen Sie aber, mein Herr, diese

Briefe mit einer bedächtlichen Durchlesung beehren, so werden Sie schwerlich etwas darinn finden, was Sie schon gelesen hätten, und vielleicht doch hier und dort etwas, welches Ihrer nachsinnenden Aufmerksamkeit nicht unwürdig sein dürfte.

Da ich mir vorgesetzt habe Ihnen mit all der Hochachtung, welche Ihr Karakter fodert, zu begegnen, und bei allem, was ich vortragen, und handgreiflich darthun werde, das Beßte der Menschheit mein einziger Endzweck ist, so halte ich, da ich Ihnen ohnedem unbekannt bin, jede Entschuldigung wegen der Freiheit diese Briefe an Sie gerichtet zu haben für überflüßig. Nur dieses will ich hier erwähnen, daß ich mit dem Briefwechsel Ihres Vorfahrers Herrn Turgot sowohl während seiner Ministerschaft, als nach seiner Resignazion beehret war, und daß ich der nämliche bin, auf dessen Schriften Herr Necker sich zu beziehen sich gewürdiget hat, und vorzüglich in jenen Zeiten, da das schwülstige Projekt eine Landung auf Engelland zu machen die Neugierde durch ganz Europa rege machte.

Doch

Doch alle Entschuldigung bei Seite: ich werde mich bemühen von aller Parteilichkeit und Nazionalvorurtheilen mich ganz zu entfernen, werde vielmehr zu der vorgenommenen Sache schreiten, und dies zwar nicht als ein Engelländer sondern als ein Weltbürger; nicht mit einer angebohrnen Antipathie gegen Frankreich, sondern als ein Freund des ganzen Menschengeschlechts.

Ich will nicht untersuchen, was Sie immer für Absichten bei Kundmachung Ihrer gelegten Staatsrechnung* hatten: Sei es Nutzen oder Ehre, so verdienet doch dieses Beispiel allgemeines Lob, und es wäre sehr zu wünschen, daß in uneingeschränkten Monarchien ein Grundgesetz eingeführet würde, daß jeder Minister, dessen Amt Gewicht, und dessen Gewalt Einfluß hat, verhalten würde, von seiner geführten Verwaltung jährlich Rechnung zu legen — Rechnung meine ich, welche die Probe einer unparteiischen Untersuchung aushielte, welche nicht mit falschem Schmucke aufgeputzt

fri-

---

* Compte rendu.

keiner willkührlich zweideutigen Auslegung fähig wäre, welcher auch Sie so oft und nachdrücklich beschuldiget wurden, und ich fürchte, daß Sie bisher noch nicht im Stande waren, sich darüber zur allgemeinen Zufriedenheit zu rechtfertigen.

Aber übergehen wir alles was dahin einschlägt, (denn ich will weder Ihr Vertheitiger noch Ihr Ankläger seyn) und nehmen für bekannt an — Sie wünschen ja selbst: nicht es zu verhelen — daß die grose Absicht Ihres Hofes, unter dem Sie leben, bei dem Auftrage Ihre Staatsrechnung dem öffentlichen Drucke zu übergeben, dahin abzielte, der Welt vor Augen zu legen, daß Frankreich noch so viele Hilfsquellen habe um Engelland bei Fortsetzung des Krieges völlig aufzureiben — Ich will hier den Vordersatz annehmen, daß alles ganz nach den Wünschen der für sich äuserst eingenommenen Franzosen geht und gehen wird. Armes Engelland! Also bist du nicht mehr! non modo delenda sed penitus deleta est Carthago, kurz, die französischen Lilien sind wie die römischen Adler beständig siegreich.

die-

Gut mein Herr! nach allen diesen verwendeten schweren Ausgaben, nach allen diesen Unruhen, nach so vieler Uibereilung, und Verwirrung in Unterwerfung dieser zum Joche bestimmten Insel, nach so vielen wiederholten Siegen, und erfochtenen unsterblichen Rufe — werden Sie doch wohl erlauben ein wenig auszurasten und Athem zu holen? — Seit dem die **französische** Waffen ihre Nazion in dem Gipfel der Ehre geschwungen haben, so stehen wir ein wenig still um die ausgedehnte Aussicht, welche sich soweit um uns her eröfnet, zu überschauen. — Dieses ist alles, was ich von Ihnen verlange, und gewähren Sie mir dieses, so hoff' ich, daß wir in künftigen Schreiben dahin geleitet werden sollen (bisher haben wir daran gar noch nicht gedacht) was die unausbleiblichen Folgen dieser gehoften großen Revoluzion, wenn sie auch die Vorsehung zuließe, für den **Franzosen**, der selbe sehnlich wünscht, sein würden.

Eine dergleichen Materie ist von größter Wichtigkeit, sie betrift die Wohlfahrt und Glückseligkeit des menschlichen Geschlechts. Sie soll der Innhalt des folgenden Briefes sein. Ich unterliege zugleich einer starken Ver-

suchung

suchung über das ungeschickte Verfahren meiner eigenen Landesleute im letzten Kriege als ein warnendes Andenken dieses Zufalls für die künftigen Politiker etwas beizurücken.

Beinahe sind es dreißig Jahre, da bei jener Handvoll Volks, so einen Einfall aus Kanada machen konnte, unserer Kolonisten in Amerika gewiß fünfzig gegen einen Franzosen zu rechnen waren — ich will sagen, wenn diese fünfzig unüberwindliche Helden wahrer brittischer Abkunft vorgaben von einem einzigen Franzosen in Furcht gebracht worden zu sein: so würde der gesunde Menschenverstand uns gerathen haben, an dieser vorgegebenen Furcht zu zweifeln — Unbefangene Vernunft hätte uns eingeben sollen noch eine Weile zurück zu halten, die Sache hauptsächlich was den Pelzhandel betraf, genauer zu untersuchen, ehe wir wegen so schwachen und seichten Anfoderungen gleich mit Feindseligkeiten losstürmten — Vernunft, sage ich endlich, hätte uns rathen sollen, daß es eine üble Staatsmaxime wäre, diese unruhige und aufrührerische Kolonien über alle Aufsicht weg zu setzen (wenn wir es anderst wirklich

lich der Mühe werth hielten) sie zu erhalten und ihnen dadurch die Unabhängigkeit einzuräumen, wornach ihr beständiges Wünschen und Bestreben gieng — Ich sage, gemeiner Menschenverstand hätte uns alle diese Ereignisse vorsagen können, wenn wir nicht den Rath desselben verworfen hätten. Noch mehr; — Ein Mann selbiger Zeit stellte mit den stärksten Gründen das widersinnige, um nicht völlig zu sagen das ungerechte Verfahren dar, er zeigte mit Überzeugung, der nicht widersprochen werden konnte, daß die Amerikaner bei weitem keine hinlängliche Ursache angegeben haben, für ihre Angelegenheiten das Kriegsfeuer anzublasen — und daß ihre vorgeschützte Gefahr in die See getrieben zu werden, oder zwischen zwei Feuer zu kommen (damals das beständige Geschrei und Klagen in all unsern öffentlichen Zeitungen) vielmehr eine Unwahrheit und Grimasse wäre — und noch über dies war er erbötig aus den Aus- und Einfuhrbüchern des engelländischen Zollhauses darzuthun, daß der Werth der aus Amerika nach Engelland eingebrachten Pelzwaaren fast noch einmal so viel als in vorigen Zeiten beträge: — es sei also gar nicht zu vermuten, daß der Alleinhandel in Amerika (von den

Fran-

Franzosen) behauptet werden wollte. Obwohl ich gestehen muß, daß, wenn dieses die wahre Ursache gewesen ist, es in den Jahrbüchern etwas unerwartetes für die Nachwelt geworden sein würde, daß eine große Nazion, ein zu bürgerlichen Sitten gebildetes Volk eine andere Nazion deswegen mit Kriege überzogen hätte, weil die letztere mehrere Felle von Katzen, Füchsen, Dachsen und dergleichen Geschmeiß eingebracht hätte, als die erstere einzubringen vermögend war. — Endlich hat dieser Mann es gewagt, mit überwiegenden Gründen vorherzusagen, daß die Wegtreibung der Franzosen, von den engelländischen rückwärtigen Besitzungen den Kolonien das Signal abgeben würde, auf eine allgemeine Revolte zu denken. — Aber er predigte nur für Winde und Wellen. — Viele wollten seine Schriften keiner Antwort würdigen; — andern war gefällig ihm zu sagen, daß die amerikanische Kolonisten bessere Beurtheiler ihrer Gefahr wären, als er sich beifallen ließe zu sein — und daß der Verdacht, welchen man auf sie werfe, als wenn sie Gedanken an Unabhängigkeit und eingefühlte Entwürfe zur Rebellion hegten, niedrig und ärgerlich sei; mehrere, nicht wenige sagten frei, daß derjenige, welcher

sich

sich unterstünde dergleichen Verdacht wider die Amerikaner als die besten königlichen Unterthanen auszustreuen, nichts anders als ein vermumter und von Frankreich erkaufter Spion sein könnte.. (Sie mein Herr, der mit allem Rechte klaget, daß die verschiedenen Pensionen in der französischen Ausweisung zu der auserordentlichen Summe von acht und zwanzig Millionen Livres oder ungefähr 1,272,727. Pfund Sterlings steigen — Sie, sage ich, können am besten wissen, ob Sie den Namen Tucker auf der langen Rolle unter den engelländischen hämischen Patrioten * und französischen Pensionären eingebracht, oder darauf gefunden haben.

Nun da wir ein so auffallendes Beispiel der üblen Folgen vor unsern Augen haben, welche ganz leicht zu rechter Zeit mit einer kaltblütigen und reifen Überlegung hätten abgewendet werden können, so ist zu hoffen, daß der ebenfalls geblendete und bethörte Theil sich nicht auf gleiche Weise werde hintergehen lassen —
son-

---

* Mok patriots.

sondern daß die Kriegführenden Mächte das Vergangene zur Warnung annehmen, und vielmehr, wenn es nicht zu spät ist, in reife Ulberlegung ziehen werden, was für Wirkungen aus dem dermaligen mit so vieler Wut angefangenen Streite, gesetzt auch, er würde mit dem besten Erfolge und all dem Glanze, welchen ihre brünnstigsten Herzen wünschen, geendiget, entstehen können.

Mit diesen Gesinnungen und mit wahrer Hochachtung für Ihre ausgebreitete große Kenntniß habe ich die Ehre zu sein

Mein Herr,

Ihr gehorsamster Diener.
J. C.

II.

II. Brief.

An Herrn Necker.

Cui Bono?

Mein Herr!

Der vorige Brief ist als eine bloße Einleitung zu betrachten: nun schreiten wir zur Hauptsache. Also ist das arme Engelland von der vereinigten Macht Frankreichs und seiner Alliirten völlig überwunden. Aber vielleicht ist diese Besiegung Engellands eben nicht von solcher Beschaffenheit, daß es als eine Provinz dem französischen Reiche einverleibt werden müßte, — doch gezwungen wäre, einen förmlichen Bankerot und die erbärmlichste Figur sowohl in der politischen als in der kommerzirenden Welt zu machen.. — Sollten Sie aber eine uneingeschränkte Unterwerfung lieber einer solchen gelinden vorziehen, so mag es, da ohnehin zwischen einer und der andern kein großer Unterscheid ist, auch sein, und nehmen wir es als eine ausgemachte

Sache an. Engelland ist also kein freier unabhängiger Staat mehr, sondern eine französische Provinz, welche von einem Vizekönige des mächtigen Monarchen Frankreichs regiret wird! — Können Sie wohl mehr begehren?

Was ist nun die Wirkung dieser gewaltigen Veränderung? Was für Folgen wird diese große Revolution sowohl in Ansehen der Handlung als in dem politischen Systeme nach sich ziehen? In Ansehen der Handlung ist es auser allem Zweifel, daß jeder Handelsmann oder Krämer, wenn er gefragt würde, ob es seinem Vortheile angemessen sei, daß seine reichesten Kunden und Abkäufer Bankerotiers und Betler werden sollten ganz kurz mit der Antwort fertig sein würde: — "glauben Sie viel„leicht mein Herr, meinen Verstand auf die Probe zustellen? „oder wollen Sie durch diese thörichte Frage ihre ei„gene Unwissenheit an den Tag legen? Aber dem ungeachtet scheint es wirklich, daß große handelnde Nazionen hierinn nach Maximen vorgehen, die den Maximen einzelner Personen gerade entgegen laufen. Die Staatskörper sehen es als das weiseste Mittel an, und richten ihre äuserste Kraft dahin, ihre Abkäufer, ehe sie sich mit ihnen in Handel einlassen, zu Betlern zu machen, so daß das nämliche im erstern Falle die größte Thorheit, Ungereimtheit, wo nicht gar Ungerechtigkeit und Bosheit heißen würde, was im letztern Falle als eine tiefe Weisheit, Vorsicht, Scharfsinn, durchdringender Verstand, oder was Ihnen sonst für Ausdrücke belieben, betrachtet wird. — doch zur Sache, machen wir unsere Rechnung, betrachten wir zwischen der ein- und andern handelnden Nazion das Debit und Krebit.

Die Engelländer, als sie ein großes und reiches Volk ausmachten, erkauften eine große Quantität der auserlesensten Weine und Liqueurs, welche Frankreich nur immer hervor bringen konnte, so daß man sie, da sie alles mit baarem Gelbe bezahlten, auch sogar Vorschüße hierauf machten, für die besten Abkäufer hielt. — Sind nun aber diese Abkäufer einmal bis zur äusersten Bedürfniß und Armut herabgesetzt — Werden sie wohl alsdan mehrere Weine und Liqueurs als vormals erhandeln? Werden sie bessere Abnehmer werden als sie zuvor waren? Welche durchdringende Maxime! Welche besondere Klugheit! Noch

Noch mehr: wenn die **Britten** in ihrer Glückseligkeit mit Reichtum überhäuft waren, so zeichneten sie sich vorzüglich durch Pracht, und Eitelkeit aus, besonders ihr weibliches Geschlecht (dem es ohnehin eigen ist) welches allen andern in der Verfeinerung des ausgesuchtesten Putzes es zuvor zu thun suchte. Von der Zeit an verleitete sie ihr Wohlstand die kostbaresten Seiden- und Sammetstoffe, und die auserlesensten Gold- und Silberborden und Bänder, die **Frankreich** nur immer erzeugen konnte, zu erkaufen. Es konnte nichts zu theuer ausgedacht werden, wenn es nur aus Ihrem Lande kam. Mit einem Worte, die **fanzösischen** Moden bestimmten den Geschmack in der Kleidung; die **französischen Köche** die Art der Speisen; die **französischen** Modehändler, Schneider, Friseur und Tanzmeister die Erziehung und den Anstand. Wenn aber diese so glücklichgewünschte Zeit, da **Engelland** all seiner Reichthümer beraubt ist, kommen wird, wird wohl diese große Anzahl guter Abkäufer mehr seidene, mehr reiche Zeuge, mehr Gold und Silberborden, und von allem andern mehr als sie sonst benöthigt waren, kaufen, da sie nun nichts mehr haben,

wo=

womit sie zahlen können? und wird sich der ganze Schwarm der Modehändler, Schneider, Friseurs, Parfumeurs ꝛc. ꝛc. viel glücklicher achten, wenn er für die alsdann blutarme Engelländer, umsonst arbeiten muß? — Wieder eine Probe einer aufs höchste getriebenen Klugheit und durchbringenden Einsicht!

Noch eines, dann genug: — Sie haben in ihrer gelegten Staatsrechnung * angeführt, daß die Fremden, so nach Frankreich reisen, jährlich nicht weniger als dreißig Millionen Livres oder 1,363,636 Pfund Sterlings darinn lassen: und dieses betrachten Sie, mein Herr, als einen so großen Zufluß zu den Reichtümern Frankreichs (ich bekenne, ich denke anderst) daß sie ihrem Könige mit überzeugendem Vergnügen erzehlen, daß das von den Fremden aldort verzehrte Geld der vortheilhafteste Handlungszweig für dieses Königreich sei. Sei es oder nicht, gewiß ist es, daß die Hälfte, wo nicht zwei Drittel von dieser erstaunlichen Summe als engelländisches Geld, welches von jenen Kreaturen,

---

* Auf den 96 Blatt des Orginals und 99 der englischen Uebersetzung.

ren, so nach französischer Benennung für engelländische Milords und Miladies ausgegeben werden, in Frankreich verzehrt wird, auszusehen ist. Wenn nun diese neu geschaffenen Lords und Ladies, welche dermalen mehr Geld als Verstand besitzen, so herabgebracht worden sind, daß sie keinen Sous mehr in der Tasche haben, so überlasse ich Ihrem Urtheile, in wie weit sowohl in Paris, als in den Provinzen die französische Höflichkeit gegen sie verschwendet werden wird, — und ob zu vermuten ist, daß dergleichen arme Schlucker willkommene Gäste sein werden; vieles könnte hier noch angeführt werden, aber ich habe über Gewerb und Handlung genug gesagt. — Ich will daher zu einem andern Gegenstande übergehen, — zur Politik. Wenn nun diese erwartete große glückliche Revoluzion, sollte sie sich anderst noch ereignen, wirklich ausgeführt würde, so wird es zweifelsohne für die politische und handlende Welt ein Gegenstand werden.

Der Kolonien größte Beschwerden und bei dem Mutterlande darüber geführte bitterste Klagen waren,
daß

daß sie nicht à la Monſ. Locke regiert würden. Wäre ihnen dieſes eingeräumt worden, ſo würden ſie ſchwerlich gegen irgend einen Gegenſtand einen Einwurf gemacht haben. Sie behaupteten nie, daß der Anfangs auf jedes Zeitungsblatt gelegte Halfpenny Stempel oder nachher die drei Penny Maut auf jedes Pfund Thee eine unausſtehliche Auflage in ſich ſelbſt wären, ſondern die ganze Beſchwerde war, daß nicht die Verſammlungen von **Amerika,** ſondern das engelländiſche Parliament dieſe Auflagen und derſelben Eintreibung zum Geſetze gemacht habe; "Da doch jeder-
" man, jedes menſchliche freie Weſen zufolge des unver-
" änderlichen göttlichen Geſetzes und der allgemeinen
" Stimme der Natur frei gebohren iſt, und ſo lang es
" will, frei ſein muß; weil niemand ein Unterthan ei-
" ner Regierungsform ſein kann, bis er ſich ſelbſt eine
" Geſellſchaft wählet, von der er abzuhängen geſinnet
" iſt: daher er das **unveräuſerliche** Recht beſitzet,
" ſich ſelbſt zu taxiren, ſich ſelbſt zu regiren, und
" ſich ſelbſt zu kontrolliren: Wer das Gegentheil be-
" hauptet, ſei als ein Vertreter der Tyrannei und als
" ein erklärter Feind der Freiheit des menſchlichen
" Geſchlechts zu achten."

Nun, mein Herr, da Sie wissen, daß dieses die Sprache des Hr. Locke und aller seiner Schüler hauptsächlich aber der **Amerikaner** ist, welche diese Denkungsart zum Grundsatze des dermaligen Krieges und aller der daraus entsprungenen Mühseligkeiten festsetzten — so frage ich Sie im Namen der gesunden Vernunft, werden Sie wohl wünschen, daß dergleichen verderbliche Grundsätze die Richtschnur der **französischen** Staatspolitik abgeben sollten? — Wenn es so wäre, wie würde es mit den Gerechtsamen Ihres regierenden Fürsten aussehen? und was für ein Recht hätte Ludwig XVI. auf eine der Provinzen seines Reichs? Zu dem, wenn die **Franzosen**, — ich sollte lieber sagen, wenn die **französischen Schönen** (weil doch immer die Damen ungeachtet ihres salischen Gesetzes das oberste Richteramt ausüben, und zu bestimmen haben, was in dem politischen Fache in **Frank**reich recht oder nicht recht sei, und ich bin gut unterrichtet, daß **Republikanißmus** nun ohnehin der Modeton ist) wenn, sag ich, dieses die Denkungsart bestimmende geistreiche Geschlecht von Ihren guten und getreuen **amerikanischen** Alliirten den erbaulichen Unterterricht erlernen würde, daß alle Auflagen und freiwillige Abgaben nur so lang es gefällig ist, abzureichen sind, — und daß kein Gesetz verbindend sei, worein das Volk nicht gewilliget hat, — ja daß jedes einzelne Mitglied das unberäuserliche Recht besitze, auf die Wiederherstellung dieses Vorrechts zu bringen, und die entgegenhandelnde andern zum Beispiele mit Strafe zu belegen — Was werden Sie, mein Herr, dazu sagen? Wie werden Sie wohl der allgemeinen Verachtung entgehen können? — Sie, der Sie dem Monarchen so viel verbindliches vorsagen, was doch an das Volk als seine Herrn hätte gerichtet sein sollen. — Und Sie gaben zu verstehn, und mehr als zu verstehen, daß, was immer für eine Verbesserung und Wirthschaft Sie in Vorschlag bringen würden, dankbarst von den Unterthanen als Merkmale der Gnade und Gunst gehalten und angesehen werden müßte, nicht aber als ein Recht solches zu begehren oder Ihren Fürsten dazu zu zwingen. Ferner gestunden Sie, daß das von Ihnen in Untersuchung genommene System der Auflagen ein sehr

elen-

elendes ganz ungereimtes und armmachendes System sei, und daß schwerlich ein einziger Theil davon weder in der Art der Besteurung, noch in der Einbringung, weder in den verschiedenen Verwendungen derselben so eingerichtet sei, wie er sein sollte. Nun nach diesem offenherzigen Geständnisse, aus was für einem Gesichtspunkte kann Herr Necker oder ein anderer französischer Minister, welcher den D. Franklin begünstiget, und seine Sache unterstützet hat, wie kann er wider die bitterste Vorstellung eines französischen Parliaments oder wider die heftigsten Läuterungen des Volkes auch sogar dan, wan es in eine offenbare Rebellion ausbrechen sollte, mit Rechte eine Einwendung machen? — Oder wollen Sie behaupten, daß die Franzosen nicht das mindeste Recht besäßen die schwere Bürde so unzähliger, ungereimter vervielfältigter Auflagen, unter welchen sie schon so lange seufzen, abzuschütteln? da die Amerikaner unter der engelländischen Regirung wegen einem Halfpenny Stempel auf ein Zeitungsblatt oder drei Penny Aufschlag auf

eine

eine fremde Luftwaare in eine Rebellion ausbrachen. — Vielleicht werden Sie mir antworten, und ich halte es auch für das einzige, was mit einigem Scheine der Wahrheit gesagt werden kann, nämlich, daß es von sehr geringer Folge sei, was die französische Nazion sich immer von der politischen Staatsverfassung in der Theorie träumen lasse, vorausgesetzt, wenn 200000 Soldaten sie durch Ansetzung der Bajonete an die Brust, von der Praktik abzuhalten im Stande sind. Es mag so sein. Aber nach diesem allem werden Sie mir doch eingestehen müßen, daß es eine grausame Gewalt bei einem beleibigten Volke sei, wenn es statt einer Vertheitigung eines dergleichen Betragens solches nicht ahnden darf. Zuerst die Menschen in aufrührerischen Begriffen zu unterrichten, und sie dan, wan Rebellion ausbrechen will, zu verdammen, in der That, ein dergleichen Verfahren zeichnet den Verabscheuungswürdigsten Karakter aus, dessen ganze Verwendung dahin abzielet, zu erst in Versuchung zu führen, und dan zu strafen. Und nebenbei mein Herr können sich vielleicht alle ihre feinsten Politiker sehr betrügen, wie der Ausgang aller dergleichen Begebenheiten sein werde. Denn Staatskündige Männer behaupten, wahrgenommen zu haben, daß alsdan auch sogar in den uneingeschränktesten Monarchien die Umstände kritisch sein, wan Regirungen dem allgemeinen Geschrei nachstehen, und die vermeinten Verbrecher als Schlachtopfer des wütenden Pöbels aufgeben oder entfernen müßen, um nicht selbst das Opfer zu werden. — Dies ist der Fall, welcher bei der dermaligen Gesinnung die amerikanische Sache zu unterstützen dem französischen Ministerium wiederfahren kann. Und da sich wirklich in jedem Theile Frankreichs so viele Feuer fangende Materien bereits gehäufet haben, sollten. Sie denn wirklich gesinnet sein, den Scheiterhaufen anzuzünden, und die Flammen anzufachen, bloß um zu sehen, auf was für eine schicksame Art sie gelöscht werden können? — Ein wunderliches Verfahren! —

Aber wenn wir auch wircklich voraussetzen, daß aus diesen schwärmerischen Begriffen keine Rebellion noch öffent=

öffentliche Unruhen nach der bestehenden Regirungsverfassung, welche das französische Ministerium überall geltend zu machen weiß, entstehen können; — so ist doch noch ein anderes Uebel, welchem vorzubeugen wäre, und woran Sie und die Minister gar noch nicht gedacht zu haben scheinen: — Dieses Uibel, meine ich, ist der beständige Verlust, und die unausgesetzte Auswanderung französischer Unterthanen nach Amerika, welche gewiß bei der schmeichelhaften Einladung, welche sie von dort her erhalten, Platz greift. Wenn dem gemeinen Volke in allen Gegenden Europens gesagt wird, daß sie in Amerika Land umsonst haben und Eigentümer sein können; — daß sie dort von allen Frohn- und Herrschaftbiensten, wie sie Namen haben mögen frei sind, weder Zehend, Grundzinns, noch Auflagen zu zahlen haben; — sondern vielmehr die völlige Freiheit genüßen zu thun, was ihnen beliebt (welches ziemlich der Fall vor dem Ausbruche dieses Krieges war) würde es ein Wunder sein, wenn eine große Anzahl in ein solches Land auswandert? und dieses zwar im Verhältnisse, je freier sich die Kommunikazion mit selben durch die täglihe Ankunft französischer und amerikanischer Schiffe in beiderseitigen Häfen und durch den beständigen Umgang öffnen wird, — Stehet wohl zu erwarten, daß Ihre neue Alliirten nicht unter allerlei Vorwänden die brauchbarsten und arbeitsamsten Hände Frankreichs an sich locken werden, um ihre großen Wüsteneien urbar zu machen? oder ist etwan ein Beweis da, daß selbe sich an dergleichen Betrug und List werden hindern lassen, wenn sie Gewalt und Gelegenheit haben, sie auszuführen? Nennen Sie ihn, wenn Sie können — Aber lassen wir alles dieses bei Seite. Wenn wir weiters die flatterhafte und veränderliche Neigung der französichen Nazion betrachten, welche am meisten geneigt ist, durch Wandern zufälliges Glück aufzusuchen; — wahrhaftig, es muß bei ihnen allen eine Bethörung oder noch was ärgers stecken, um dergleichen Gesinnungen bei ihrem Volke rege zu machen, da solche Auswanderungen schon vorhin zu stark waren, als daß man ihnen noch Lockspeise vorlegen sollte, um

ihr

ihr Vaterland mit Amerika zu vertauschen. — Dies heißt verfeinerte Weißheit! dies heißt tiefe Staatsklugheit! Wie unglücklich bin ich doch, daß ich nicht das geringste von allem dem begreife!

Es mag nun sein, wie es will, mein Herr, in Ihrer gelegten Staatsrechnung befindet sich ein Umstand, welcher von jedem rechtschaffenen Manne, und wahren Patrioten, sei er Franzos oder Britte, Dank verdienet. Es ist das getreue Gemälde, in welchem Sie uns nebst ihren Einnahmtabellen die ungleiche willkührliche, und parteiliche Steuer- und Gabenauflegung und derselben Eintreibung, zugleich aber auch ihre rechtschaffene jedoch fruchtlose Bemühung dieses Uibel, welches von der verberblichen Verwaltung und Anordnung herrührt, zu verbessern, lebhaft darstellen. Ein Engelländer würde kaum begreifen können, wie eine so auffallende Thorheit bestehen könnte, als einerseits ein Vingtieme oder eine Auflage pr. fúnf von Hunbert von bem Erwerbe bes Fleißes und der Handarbeit — anderer Seits

Seits aber eine Landtaxe und Kopfsteuer ist, welche lediglich willkührlich und nach Gefallen ohne einer bestimmten Festsetzung ausgemessen und eingetrieben werten kann: — Ein **Engelländer** kann sich keinen Begrif machen, wie Zölle der Produkten und Waaren innerhalb einem und dem nämlichen Königreiche diesseits eines Berges, eines Flusses, eines Baches, eines Grabens, einer Mauer, einer Straße, einer Reihe von Bäumen von den Zöllen jenseits völlig verschieden sein sollten: — Engelländern würde es fremd vorkommen, daß das gemästete Schaf- und Hornvieh, welches für den Gebrauch der Hauptstadt bestimmet ist, zu erst in einen benachbarten Marktfleck zum Verzollen gebracht werden muß, ehe man die Erlaubniß solches zu schlachten und dan zu verkaufen erhalten kann: — aber mehr als über alles dieses würde er erstaunen, daß der Salzpreis (diese große Nothwendigkeit im menschlichen Leben, welche hart entbehrt werden kann, und daher keine Luftwaare ist) wegen Ungleichheit der bestehenden Taxe dreißigmal höher in einem Orte und

und in einer Provinz (unfehlbar an den Gränzen) als in der andern bestimmet ist. — Dergleichen Sachen kann ein Engelländer nicht begreifen, — noch sich vorstellen, daß so viele tausend Personen im ganzen Königreiche, zu inländischen Mautnern und Zolleinnehmern verwendet werden sollen um alle Schwürzungen von einer Grafschaft zur andern, als die Folge der so verschiedenen Mautbelegung zu verhüten; — so daß, wenn dagegen eine gleiche und unparteische in dem ganzen Königreiche (wie in Engelland) gleich bestehende Tax und Aufschlag eingeführt wäre, die Nothwendigkeit nicht einen einzigen Menschen dieserwegen aufzustellen erheischet hätte. — Ich muß Ihnen gestehen mein Herr, daß ich niemal im Stande war (ungeachtet meiner Bemühung) meine Landsleute den vortheilhaften Zustand in Ansehung des glücklichen Unterschieds der Auflagen in Entgegenhaltung ihrer Nachbarn der Franzosen fühlen zu machen, bis mich Ihre gelegte Staatsrechnung dazu fähig machte: an Sie

mein

mein Herr, will ich sie daher zu ihrer weiteren Befriedigung ganz bereitwilligst verweisen.

Schlüßlich da Sie nicht minder wahrgenommen haben, daß diese grausame Verfügungen der französischen Staatsverfassung (Ihre eigenen Worte) vor hergestelltem Frieden nicht verändert oder verbessert werden können, so vereinige ich meine eifrigsten und feurigsten Wünsche mit den Ihrigen, daß diese frieblichen Zeiten bald erscheinen mögen. Ja ich will noch mehr, als Sie erwarten können, beyfügen, nämlich, ich hoffe in meinem künftigen Schreiben darzuthun, daß Engelland noch mehr daran gelegen sein muß, daß Frankreich ein reiches und nicht ein armes Land sei, als ich Ihnen schon erwiesen habe, daß die großen Reichthümer Engellands nutzbar für Frankreich seien.

Zugleich habe ich die Ehre zu beharren

Mein Herr,

Ihr gehorsamster Diener.
J. T.

III.

III. Brief.

An Herrn Necker.

Cui Bono?

Mein Herr!

Ich bin nicht willens den ausgebreiteten Verstand des Herrn Neckers zu beschuldigen, als wenn selber nicht überzeugt worden wäre, daß Frankreichs wahrer Nutzen erheischet, an Engelland einen reichen und nicht armen Abkäufer zu haben. Wir wollen nun die Szene umwenden, und Frankreich als einen Abkaufer von Engelland betrachten; wollen sehen, ob ein gleicher Grad eines gründlichen Beweises über diese aufgeworfene Frage eben so vortheilhaft auf dieser als auf der andern Seite Stich halte, — gewiß nichts kann weniger als Nazionalunsinn bei der dermaligen Antipatie Richter zwoer Nazionen sein, deren wirkliches und reales Interesse wechselseitig unzertrennlich ist.

Dies

Dies vorausgesetzt kann man sich Engelland überall als siegreich vorstellen. Seine Flotten durchstreichen triumphirend die Meere, und seine Armeen werden mit Lorbern gekrönt; nachdem eine Reihe von Unglück, begangene Fehler, üble Anführung, oder unerfahrne Befehlshaber, Zaghaftigkeit, Uibereilung, oder was sonst gefällig ist, Frankreich auf das niedrigste herabgesetzt haben. (Freilich würden hier in Engelland viele über eine dergleichen Ereignung laut frolocken, und sie für den glücklichen Zeitpunkt halten, von welchem sie ihre Nazionalgröße und Wohlfahrt herrechneten. Ohnehin mangelt es in jedem Lande an Seichtköpfigen nicht, welche grossen Eifer mit kleinem Verstande besitzen, und besonders ist Engellands Grund und Klima vor allen andern auf dem lieben Gotteserdboden fruchtbar an dergleichen schwachen halbbenkenden Politikern.)

Unter den vielen Fehlern, welche dem größten Theile des menschlichen Geschlechts seinen Verstand verrücken, und die Beurtheilungskraft verkehren, war wohl keiner der Ruhe und Glückseligkeit der Welt mehr entgegen als der Eroberungsruhm — und Handlungsneid.

Mit

Mit der Betrachtung des erstern will ich mich dermalen nicht aufhalten, in dem ich in meinen verschiedenen herausgegebenen Schriften mit aller Freiheit davon gesprochen habe, und selben wahrscheinlicher Weise in dieser Abhandlung noch einmal berühren dürfte. — Der Handlungsneid ist daher der große Gegenstand, den wir vor Augen haben. Frankreich und Engelland sind Mitwerber in der Handlung und Engelland ist darüber eifersüchtig. Was ist nun bei einer so unglücklichen Lage zu thun? Und wie kann dieser so marternden Leidenschaft entweder etwas nachgesehen, oder Einhalt gethan werden? Soll man ihr durch Aufopferung des Friedens und der Glückseligkeit des menschlichen Geschlechts willfahren? — Oder soll sie so geleitet und geführet werden, daß man sie dem gemeinen Wesen nützlich mache?

Nachdem ich die Verhältnisse der Sache hin und her überlegt habe, so bin ich nur vermögend auf drei Aushilfmittel, welche dem gegenwärtigen Falle anpassend sind, zu verfallen: — das erste ist, dieser verheerenden Leidenschaft aufs vollkommenste Genüge zu thun,

je-

jedem Franzosen, dessen man auf der See oder auf dem Lande habhaft werden kann, wegen des unverzeihlichen Verbrechens bessere Waare als die Engelländer gemacht oder wohlfeiler verkauft zu haben, ohne weitern den Kopf einzuschlagen: — das zweite ist eine Folge des ersten, allen Abnehmern, sie seien Aus- oder Innländer, welche sich würden unterstanden haben, dergleichen Waaren zu erkaufen, anstatt alle ihre Bedürfnisse aus den engelländischen Kaufläden genommen zu haben, ebenfalls die Köpfe einzuschlagen: — das dritte ist, bei uns bessere Waare zu machen, und wohlfeiler zu verkaufen, als ein Mittel uns den allgemeinen Handlungszug, ohne dieserwegen unsern Nachbarn eine Beleidigung zuzufügen, zufließend zu machen. —

Nun sind die zwei ersten Hilfsmittel von einer solchen Beschaffenheit, daß nicht wohl eine Nazion auf dem ganzen Erdboden es wagen wird sie öffentlich als anwendbar anzunehmen. — Nichts destoweniger ist zu fürchten, daß diesen nicht viel ungleiche Grundsätze einen heimlichen Nazional — und persönlichen Einfluß auf das Betragen der Menschen haben, wenn solche

nur

nur in ihren eigenen Farben ohne Verdrehung, und Bemäntlung in ihr helles Licht gestellt werden könnten.

Zu gutem Glücke für den Weltfrieden sind dergleichen Grundsätze nicht allein zu verabscheuungswürdig um öffentlich angenommen zu werden, sondern auch zu gefährlich, um sie geradeweg in Ausübung zu bringen, weil sie gewiß mit dem Ende des Zerstörers sich endigen würden. Es ist daher der dritte Vorschlag der einzige, von dem man Gebrauch machen kann, nämlich sich zu bemühen unsere Waaren besser, als unsere Nebenbuhler zu machen, und solche wohlfeiler zu verkaufen. Und dies, mein Herr, ist nicht allein, was wir Britten thun sollten, sondern ich behaupte, daß es auch eben das ist, was wir auf verschiedene Arten wirklich thun, welches ich auf der Stelle beweisen werde: — und derohalben ist unsere National-Eifersucht gegen Frankreich um so mehr unbillig und widersinnig.

Mein erster Beweis soll aus Ihrem eigenem Vaterlande hergeholt werden, selbst in der Schweiz

sollte

sollte man vor allen andern vermuten, daß die französischen Manufakturen über die engelländischen den Vorzug erhalten würden in Ansehung der Nachbarschaft dieser zwei Länder, da weder ein Meer noch ein Land dazwischen ist, und gewiß schwerlich eines dazwischen kommen wird. Und dennoch, mein Herr, ist es Ihnen sehr wohl bekannt, daß in allen Gattungen von Metallwaaren, nämlich von Blei, Zinn, Kupfer, und Messing, Eisen und Stahl die engelländischen einen allgemeinen Vorzug haben: — also auch in vielen Artikeln von wollenen, gestrickten, von halbseidenen Stoffen, Kottonen, Baumwollnen Plüschen ꝛc. ꝛc. haben die Engelländer vom Genfer bis zum Konstanzer See und bis nach Basel am Rheine gegen die Franzosen einen ganz ungleichen Vorzug. Ferners in Zitzen, baumwollenen Zeugen, und allen Gattungen ostindischer Waaren, ingleichen papiernen Spalliern und verschiedenen Einrichtungen, einigen Gattungen kurzer Waaren, oder Tändeleien und allen Gattungen von mathematischen und chyrurgischen Instrumenten Die Franzosen werden sich wohl schwerlich mit den Engelländern in der Güte und Wohlfeile aller dieser

Dinge

Dinge zu wetteifern anmaßen. — Dies, mein Herr, ist mein erster Beweis; und sicher werden Sie bekennen müßen, daß es, je weiter es geht, desto mehr Uiberzeugung mit sich bringe.

Zweitens will ich Amerika selbst anführen und selbes zwingen, wider seinen Willen einen Zeugen von dem nämlichen Ausschlage abzugeben. — Lang bevor, als unsere getreuen und geliebten Kolonisten sich öffentlich für die Unabhängigkeit erklärten, waren sie schon in geheim auf diesen Zufall gefaßt. Von Jahre zu Jahre füllten sie ihre Läger mit solchen Waaren, die der Natur der Sache nach dem Verderben nicht unterworfen sind, mit Waaren, die sie ohne Verlust, und Verderbung aufbewahren konnten: und während dieser zwei Jahre vor ihrem gleich darauf folgenden berühmten Einfuhrverbotsystem strengten sie jede Nerve an, und dehnten ihren Kredit auf das äuserste aus, um nur so viel als möglich engelländische Waaren von allen Gattungen zu bekommen. Unglückseliger Weise für ihre treuherzigen Kreditorn gelungen ihnen ihre heimlichen Aufschläge nur zu gut, so daß sie einen Betrag

von 4000000 Pfund Sterlings schuldig wurden. Dan rissen sie die Maske ab, und brohten alsogleich Zerstörung unsers ganzen Daseins als einer handlenden Nazion, wenn wir uns unterstehen würden sie um einen Beitrag zu den allgemeinen Staatsauslagen, welche sie verursachet haben, anzugehen. "Der Kolonistenhandl
" mein Herr überwog jeden andern Handel, alle an-
" dere waren in dessen Vergleichung nichts; das arme
" Engelland würde zu Grunde gegangen, die Häfen
" von London, Bristol, Liverpool, Glaskow ꝛc. ꝛc.
" würden lauter Einöden geworden sein, wenn sie
" nicht für die Kolonien wären bestimmt gewesen: —
" In all unsern Manufakturen zu Birmingham,
" Wolverhampton, Manchester, Leeds, Halifax
" und in allen unsern Tuchmachereibezirken würde sich
" ein gänzlicher Stillstand der Gewerbe ergeben haben,
" und Graß würde auf unsern Straßen wachsen."
Wenn auch die Kolonisten der nämlichen ungestörten Freiheiten, wie wir, mit Beirückung noch mehrerer sich zu erfreuen gehabt hätten; — wenn sie auch ihr Eigentum fortan vertheidiget, ihre Schlachten zu Wasser und zu Lande geliefert, und ihre Kriege behauptet

pe-

hätten, ohne verbunden zu sein einen einzigen Six pence mehr zu bezahlen, als was ihnen freiwillig zu geben beliebet, so würden uns diese Trübsale doch gewiß getroffen haben.

Die Amerikaner haben solchergestalt eine Schuld von vier Millionen Sterlings gemacht, welche sie unsern Kaufleuten schuldig geworden sind, und haben zu gleicher Zeit das Mutterland in eine neue Nazionalschuld von ungefähr fünfzig Millionen verwickelt, welche selbes sich in deren Vertheidigung auf den Hals geladen hat; fiengen nun an ihre Rollen mit wenigerer Zurückhaltung zu spielen. Ihr erster Entwurf gieng dahin, eigene Manufacturen den unsrigen entgegen zu setzen — und dan von Frankreich, Holland und jedem andern Lande Waaren einzubringen, um des Verbrauchs der unsrigen dadurch überhoben zu sein. Und dan wäre uns der Staab für immer gebrochen, verlohren wären wir! und geschehen wär es um uns gewesen!

Wohlan, mein Herr, alle diese Entwürfe sind versucht, und wieder versucht worden, was war die Folge davon? — Fast alle haben nußtungen: — und die Handlung ist, nach dem sie so oft unterbrochen wurde, größtentheils wieder in ihren vorigen Kanal zurück getreten. Sogar französische und neutrale entlehnte Schiffe (so lang das Gaukelspiel der Neutralität zu treiben möglich war) wurden gebraucht, Brittische Manufakturen ihren aufrührischen Kolonien zuzuführen. — So daß diese unsere vormaligen Kunden und nunmehr gewordene bitterste Feinde, anstatt daß sie beruhgend waren sich mit ihren eigenen Vorräthen zu versehen, oder den Abgang von andern Ländern herzuholen für ihr eigenes Bestes wieder gezwungen waren zu den engelländischen Manufakturen ihre Zuflucht zu nehmen: — Und zwar mit einem Aufwande von wenigstens vierzig pro zento theurer, als sie selbe hätten erkaufen können, wenn sie anderst in ihrer Verbindung mit dem Mutterlaube verharret wären, und ihren Wohlstand erkonnt hätten.

Nach diesen sowohl aus der Schweiz als den Kolonien hergeholten Beispielen hoffe ich, daß Sie über diesen Punkt keine weitere Bestättigung erwarten; —

Ja,

Ja, ich schmeichle mir vielmehr, daß sowohl französische als engelländische Leser bei den dermaligen Zeiten vollkommen überzeugt seien, daß es sehr viele engelländische Waaren giebt, welche weit wohlfeiler sind, und wegen ihrer Güte mehr Anwert haben als die französischen, daß wir also uns vor diesem Schreckenbilde nicht mehr zu fürchten haben — daß die französischen Manufakturen auf den fremden Märkten die unsrigen verdrängen werden; ich meine in solchen Artikeln, deren oben erwähnt worden.

Dieses ist nun die wahre Beschaffenheit, und es ist gewiß gar nicht unglaublich, daß die Engelländischen Waaren in Frankreich einen Absatz finden werden, oder daß die französische Nazion eine vorzügliche Neigung für sie haben würde. — Denn daß diese Waaren weit wohlfeiler zu stehen kommen, ist durch eine Reihe unwiderstehlicher Zeugnisse dargethan worden: — Und daß solche daher von sich selbst wegen ihrer bessern Verfertigung, besser angemessener Brauchbarkeit, Nettigkeit, nieblicherer Ausarbeitung und überhaupt wegen besserer Glasirung und Politur vorzüglich

mehr

mehr gesucht werden, ist von jedermann anerkannt, am vorzüglichsten aber von unsern undankbaren Kolonisten, welche gewiß unter allen lebenden Geschöpfen den Engelländischen Manufakturen, wenn sie selbe anderstwoher besser hätten beziehen können, den Vorzug am wenigsten würden gegeben haben.

Die Gründe der Wohlfeilheit, sowohl als die innerliche Güte haben solchen befestiget, Ursachen, die genug hinreichend sind, die Engelländischen Waaren jedem Volke anzuempfehlen, wenn es anderst nicht zu arm ist, solche zu bezahlen. — Ich will noch eine andere Bewegursache hinzusetzen, welche bey der französischen Nazion mit einer ausserordentlichen Gewalt und Stärke wirket, und dieses ist Neuigkeit, Veränderung und Schein. — Die Neigung bemerkt zu werden ist in der That allgemein in die menschliche Natur eingepflanzt, und kann derselben eine gute oder böse Richtung geben, je nachdem sie angewendet wird. Nur denke ich, daß es zugestanden werden müße, daß die französische Nazion diese in einem größern Grade als alle andern besitze. Hieraus folget, daß da vielerlei Gattungen Engelländischer Waaren nicht allein wohlfeiler und besser, als anderswoher verschaft werden können, —

son-

sondern zugleich, wenn sie nach Frankreich kommen, den weitern Vortheil haben, — daß sie fremd — und daher neu sind — folglich größere Abwechslung verschaffen; — sie die anklebende Empfehlung für sich haben, daß sie weit mehr die Aufmerksamkeit der Beobachter an sich ziehen, als von der gleichartigen französischen Waare je zu vermuten ist. In der That, wir finden öfters, daß die Leidenschaft für Veränderung und nebenbei ausgezeichnet zu sein, so gewaltig wirke, daß keine andere Betrachtungen hierüber mehr Plaz greifen. — Wäre es nicht so, mit was könnten sie das brünstige Verlangen so vieler französischen Damen in engelländischen Seidenstoffen gekleidet zu sein, und engelländische Handschuh und engelländische Bänder 2c. 2c. 2c. zu tragen, rechtfertigen? — Weil ebenfalls unsere engelländischen Ladies sich unglücklich schäzen, wenn sie nicht in französischer Kleidung erscheinen können? Ja was kann wohl anderst die Gewohnheit, welche unsern Augen so auffallend ist, und wider unsere Begriffe streitet, rechtfertigen? — Ich verstehe dadurch die Erlaubniß in Frankreich und selbst in königlichen Palästen eine ziemliche Menge engländi-

Di-

bischer bijouterie — und Gallanterie Waaren
frei zu verkaufen und auszurufen, in dem Palais Ro-
ial in Paris, ingleichen Verſailles, Fontaine-
bleau &c. &c. ſo daß es der König hören kann,
wenn Se. Majeſtät zufälliger Weiſe dabei vorüber
giengen. Daß dieſes ſo iſt, oder doch wenigſtens ſo
geweſen iſt, berufe ich mich auf Sie ſelbſt, — ich berufe mich auf die ganze Welt. — Doch genug hievon.
Denn gewiß dieſer Theil der Abhandlung erfordert keine weitere Beleuchtung.

Laſſen Sie uns nun in Uiberlegung nehmen, ob
es wohl Großbritaniens Nutzen angemeſſen ſei ein
ſolches Königreich, das ſo viele Neigung zu dem Gebrauch unſerer Erzeugniſſe heget, wenn es auch wirklich die Gewalt hätte eine für Frankreich ſo unglück-
liche Wendung zu bewirken, bis auf Armut und Noth
herab zu ſetzen. — Oder im Gegentheile, ob es nicht
unſer wahrer Nutzen fordere, die Wohlfahrt Frankreichs durch alle ſchickliche und erlaubte Mittel zu befördern, durch welche wir aus der nämlichen Urſache
die unſrige befördern ſollten? — Einer oder der an-
bere

dere dieser sich entgegenstehenden Sätze muß recht, und der andere unrecht sein. Wenn Frankreich sollte ärmer werden, so müßte es einen desto schlechtern Abnehmer von Engelland abgeben; — wird es reicher, vermutlich einen bessern. Dies ist der Fall so klar, daß man denken sollte, daß selbst Nazional Vorurtheil nicht fähig sein könnte zu verhindern, daß diese klare Wahrheit durchgängig anerkannt, und ihr beigepflichtet werden sollte. Da aber der böse Geist, die Eifersucht des Handels unterschiedliche Gestalten annimmt, das menschliche Geschlecht mit panischem Schrecken und ungegründeter Furcht zu beunruhigen, so will ich versuchen ihn in allen seinen Gestalten zu verfolgen, — um wenn ich kann, die Welt zu überzeugen; daß die Vorsehung uns nie dazu bestimmt hat, Raubthiere zu sein um einander zu beißen, und zu zerreißen; — sondern vielmehr zum Gegentheile, — das was eine gemeinschaftliche Pflicht im moralischen Verstande ist, ist auf gleiche Art von unserm weisen und gütigen Schöpfer auch zum Grunde unsers wahren und dauerhaften Nazionalglücks in der Handlung gelegt worden. Und bei der Ausführung einer Unternehmung von dieser Art

kann

kann ich nicht an den wärmsten Wünschen eines jeden Liebhabers des menschlichen Geschlechts und wahren Patrioten, er sei Franzos oder Brite ,zweifeln, weit weniger aber an dem wohlthätigen Herrn Necker

Daher ich Ihm hiemit für diese geneigte Annehmung meinen ergebensten Dank abstatte, da er mir dadurch Gelegenheit verschaft diese angenehme Materie fortzusetzen; — und er mag zugleich von mir versichert sein, daß ich bin

Sein verbundenster Diener.
J. C.

IV.

IV. Brief.

Eine weitere Beleuchtung der widersinnigen Handlungseifersucht, wenn man trachtet die Mitbuhler davon auszuschließen und die Unwahrscheinlichkeit von selber was immer für einen guten Erfolg zu erwirken.

An Herrn Necker.

Cui Bono?

Mein Herr!

Von der Zeit des Hesiod bis zur gegenwärtigen Stunde hat man beobachtet, daß nach dem deutschen Sprichworte zween Pfeifer in einem Wirthshause niemals gut thun können. Das Verzeichniß, welches Hesiod von diesen Zänkern liefert, ist in seinem Inhalte so possirlich, daß ich nicht wohl vermuten kann, daß Bettler und Gassenliederfinger jemals von einer gesetzgebenden Gewalt mit Monopolien und Freiheiten gepanzert wor-

worden wären. Nein, ich denke es könnte aus des Poeten eigenen Worten gefolgert werden, daß alle Gewerbe einst frei waren; wie konnte er sonst sagen, daß eine Wetteiferung unter den Handwerksleuten für das gemeine Wesen nützlich sei? wenn sage ich, diesem Wetteifer thätig zu sein nicht erlaubt gewesen wäre?

Haben nun bei damaligen Umständen ausschließende Handlungskompagnien bestanden oder nicht, so wissen wir doch, daß in der Folge der Zeit der monopolirende Geist fast aller Orten herrschte; so daß keine Gelegenheit unter einem oder andern Vorwande versäumet wurde, Gesellschaften mit verliehenen Zwangs — oder Ausschlußfreiheiten zu errichten.

In meiner Antwort auf Herrn Lockes Regierungstheorie hab ich dargethan, daß die erste Ertheilung der Handwerksfreiheiten von den gothischen Fürsten herzuleiten sei, und ihre Lehensbaronen waren ganz Gnadenbriefe, ganz Schutz. Diese waren auch in einem barbarischen Zeitalter unentbehrlich und höchst nöthig, da ganz Europa mit gewafneten Menschen,
welche

welche in der That für nichts anders als für Banditen gehalten werden könnten, überschwemmet war, und welche das Recht zu haben glaubten über diejenigen, so nicht beschirmet waren, herzufallen, oder deren Eigentum als eine gesetzmäßige Beute wegzunehmen. Konnte hingegen einmal eine Anzahl von Handwerkern durch dergleichen Beschirmungsbriefe nah an ein großes Schloß in festen und sichern Ort gebracht werden, so waren sie vor allem weitern gewaltsamen Anfalle gesichert, so daß weder die fürstlichen Freibeuter noch die Freiherrn sich unterfangen durften sie zu stören. Ingleichen erhielten sie die Gerechtsamkeit ihre eigene Obrigkeit zu erwählen, und sonderheitliche Gesetze zu Verbesserung ihrer Verfassung zu machen; sie hatten den Vortheil ihre unter sich entstandene Zwistigkeiten selbst zu schlichten, und die Rechte innerhalb ihren eigenen Mauren zu handhaben. Nun dies war alles recht und gut, und wären diese Künstler und Handwerker in dem Geschäfte des Zunftzwanges und dem Bestreben solchen zu beschützen nicht zu weit gegangen, so würden sie einen unvergleichlichen Dienst sich selbst und dem ganzen menschlichen Geschlechte geleistet haben.

b Aber

Aber unglückseliger Weise für das gemeine Wesen und am Ende für sie selbst, waren sie hiemit noch nicht befriediget: Kaum waren sie ihrer Gerechtsame versichert, und konnten sich der Früchte ihres Fleißes und ihrer Arbeit erfreuen, so fiengen sie an in die Gerechtsame der andern einzugreifen, und aus vorher Verfolgten wurden sie gewaltsame Verfolger. Unter dem Vorwande für das Beste der Gewerbe und Aufrechthaltung des Kredits der Manufakturen Vorkehrungen zu machen führten sie Monopolien und zahllose Ausschließungen ein, so daß, wenn eine Sammlung gemacht würde von allen den Griffen, Listen und Vorwänden, welche diese Leute unter der Larve des Eifers für das allgemeine Beste eingeführt haben, im Grunde aber nur dahin abzielten, Wetteifer zu ersticken, und Mitwerber von ihren Professionen abzuhalten, es vielleicht eines der seltensten Gemälde der menschlichen Schaheit vermischt mit Thorheit, so nur jemal erschienen, darstellen würde.

Aber in der That mein Herr, Sie in Frankreich haben uns Engelländer der Mühe überhoben, ein solches

ches Gemälde darzustellen, folglich ist alles, was wir thun können, zu ihrem Hauptstücke noch einige wenige Striche anzubringen. Ihr Vorfahrer Monsieur Turgot hat solche Haufen von Widersinnigkeiten aus den Handwerksgesetzen und ausschließenden Einschränkungen der verschiedenen französischen Zünfte, um dadurch ihre Betrügereien und Thorheiten darzuthun, gesammelt, daß ich wirklich dachte, als er von seinem Könige zu Versailles unterm 12. März 1776 ein öffentliches Lit de justice zu deren Aufhebung erhalten hat — selbst Unverschämtheit könne nicht vermögend sein, der Gewalt einer solchen handgreiflichen Wahrheit zu widerstehen; und ich wünschte dem Minister, welcher mich mit einer gedruckten Abschrift dieses Hergangs beehrte, Glück zu dem großen Siege, welchen er über Frankreichs größte Feinde, Unwissenheit, Müßiggang und Betrug, gewonnen hat; Siege, die zur Größe und Wohlfart jeden Königreichs mehrere und glücklichere Folgen nach sich ziehen, als alle die Schlachten, so durch ihre berühmteste Fürsten oder erfahrneste Feldherrn gewonnen worden sind. Aber leider! er war nur von gar kurzer Dauer; — ein süßer Traum, wie er

sich

sich in einem seiner darauf folgenden Schreiben ausdrücket, ein Schatten und nichts wesentliches. Und die Belohnung, die er empfieng für diesen seinem Vaterlande so wichtig geleisteten Dienst, war Entlassung.

In diesen Stücken (was die Abschaffung der ausschließenden Freiheiten betrift) müßen Sie mein Herr zugeben, daß **Engelland** hierin sich eines offenbaren Vorzugs vor **Frankreich** zu erfreuen hat. Unsere ausschließende Handwerkszünfte und Handlungskompagnien in Städten und Märken haben derzeit gegen dem, was sie vorhin waren, sehr wenige Gewalt Unheil anzustiften; weil das Tageslicht überall anfängt einzubringen, und der blühende Zustand dieser Manufakturstädte in **Engelland** (Die größten vielleicht in der bekannten Welt, gewiß aber die größten in Europa) wo jedermann **die vollkommenste Freiheit hat**, demjenigen Nahrungswege, wohin ihn seine Neigung und Umstände vorzüglich leiten, zu folgen; — ich sage dieser blühende Stand hat unsern schwachsinnigsten Köpfen begreiflich

lich gemacht, daß Fleiß und Kunst durch beständigen Wetteifer am besten aufgemuntert werden, und daß niemand nöthig hat mit Gesetzen oder ausschließenden Freiheiten versehen zu sein, seinen Mitwerber zu unterdrücken. Ja wir können noch weiter gehen: denn wir **fühlen** nicht allein, sondern **schließen** auch ein wenig **vernünftig** über diesen Hauptgegenstand: — ich sage, ein wenig; denn leider! ist es noch nicht viel. Mögten doch unsere Beurtheilungskräfte täglich mehr Stärke sammeln, daß gesunde Vernunft und wahrer **Patriotismus** überall die Oberhand gewinnen mögte! [Nichts bestoweniger können] wir doch dermalen schon klar genug beweisen, daß sich die Entwürfe kurzsichtiger Handelsleute in Ausschließung ihres Handwerksbruders, weil er ihr Mitwerber ist, mit ihrem eigenen Verderben und Zwecks Verfehlung endigen müßen; indem dergleichen Mittel nichts anders sind, als ein handgreiflicher Betrug, der auf sie selbst zurückfällt. Nehmen sie zum Beweise folgende Erläuterung. Eine Anzahl von Künstlern oder gemeinen

Handwerksleuten ein Bäcker, ein Fleischer, ein Schuster, ein Zimmermann, ein Krämer, und ein Schneider haben zusamen sich verabredet alle diejenigen unzünftigen von sich auszuschließen, welche nicht die bestimmte Lehrzeit überstanden haben, ihnen nicht zu gestatten Erzeugnisse zu verfertigen, oder wenn sie nicht in Gesellschaften und Zünfte einverleibet sind, solche zu verkaufen. — Ganz mit patriotischen Heldenmute angefüllt das Beste der Gewerbe zu befördern (wie sie sich auszudrücken pflegen) eröfnet bei dieser Angelegenheit der Bäcker den Vortrag. Er macht mit vieler Weisheit die Anmerkung, daß Fleischer, Schuster, Zimmerleute, Krämer, Schneider ꝛc. ꝛc. ob sie zünftig oder nicht zünftig sein, einer wie der andere Brod essen. Derohalben fände er in soweit keinen Anstand gegen die Ansiedlung dergleichen Handwerksleute rund um ihn her, ob sie ihre Lehrjahre der Ordnung nach bei ihrem Handwerke ausgehalten haben oder nicht, wenn sie nur sein Brod essen: aber dieser unverschämte Kerl von Pfuscher (auf den ar-

men

men unzünftigen Bäcker deutend) welcher einen Laden in seiner Nachbarschaft um seine Kunden an sich zu ziehen eröfnet hat, dieser, sei er der Meinung, müße zum Beispiel anderer gestraft werden. Nach ihm kam der Fleischer, welcher gleiche Sprache mit dem Bäcker führte; — und so gieng es fort, — bis das Possenspiel völlig herum gegangen war — und am Ende dieser Verhandlung haben diese weisen Einwurfmacher gefunden, daß sie im Ganzen genommen, so viel als nichts gewonnen, sondern vielmehr im Gegentheile bei ihrer wechselseitigen Ausschließung den Geist des Fleißes und Wetteifers bei ihnen sowohl als bei andern ersticket haben.

Solchergestalt mein Herr, urtheilen wir in Engelland, und was noch besser ist, in verschiedenen dergleichen Fällen gehen wir so für. Weil bei Verfassungen, wie die unsrigen sind, es sehr gefährlich ist, in alt hergebrachte Freiheiten sich zu mischen, auch da, wo ihre Fehler auffallend sind, so verbessern wir sehr oft üble Wirkungen, ohne daß es scheint den Grund der Sache berührt zu haben. Die für gewisse in Parlaments Ver-

ordnungen beschriebene Personen ertheilte Gewerbsfrei-
heit (welche nun auf alle, die unter der Landmiliz dienen, ausgedehnt worden ist) macht große Schritte die
Zwangsentwürfe zu vernichten, und die monopolisirende
Unheile der unwissenden und kurzsichtigen Handwerksleute zu verhüten. Uiber alles dieses begünstigen unsere
Gerichtshöfe die allgemeine Freiheit der Unterthanen,
wo sie nur können, so daß, wenn ein hieher gehöriger
Fall vor sie gebracht wird, die Richter sowohl als der
ganze Rath bei Abhörung des Klagbeweises in Uiberlegung zu nehmen selten unterlassen, daß der Grund der
Klage die strengste Probe wider das Recht des Beklag-
ten aushalte. " Ist der verfolgte Verklagte, sagen sie,
" ein verschwenderischer, unvorsichtiger, oder ein unge-
" schickter Mann gewesen; — hat er seine Waaren theu-
" rer oder schlechter als die Kläger gemacht; — so wür-
" den diese Leute dieses fehlerhaften Betragens wegen,
" ungeachtet ihres Geschreis, daß man das Beste der
" Gewerbe und die Aufrechthaltung des Waaren Kre-
" dits beherzigen müße, sich um ihn gar nicht beküm-
" mert, sondern ihm ganz gerne zugegeben haben in
" sein eigenes Verderben zu rennen. Wohingegen die
" wahre

„ wahre Ursache seiner Ankläger diese ist, daß er fleißi-
„ ger, sparsamer, geschickter und erfindsamer als sie
„ sein: Und dieses ist nun das unverzeihliche Laster,
„ welches sie verfolget und bestraft wissen wollen. „

Nun mein Herr, nachdeme diese Gründe recht und billig sind, und da wir uns aus allen diesen Hergängen fest überzeugen, hierin weit aufgeklärter als sie in Frankreich zu sein, (ich rede von der praktischen, nicht von ihrer theoretischen Kenntniß) so hätte man erwarten können, vermögend zu sein, solche auch auf den Fall einer eifersüchtigen Nazion in einer Reihe von Vernunftschlüssen auszudehnen, welche wir so kraftvoll auf den Fall der einzelnen Mitwerber angewendet haben. Aber leider! ich weis nicht, wie es ist, hier verlassen uns unsere Geisteskräfte (da sie so nöthig wären) völlig, und es scheint, als wenn wir hier zu unserm ne plus ultra gekommen wären: denn unser Eifer ist so geblendet, daß wir nicht die nämlichen Grundsätze sowohl in einem als dem andern Falle als ausgemacht halten wollen, obschon sie solches wirklich sind —
„ Was? sagt der biedere Engelländer, sollen wir nicht
„ auf

„ auf die zunehmende Handlung Frankreichs, da es un-
„ ſer Mitbuhler iſt, eiferſüchtig ſein? Sollen
„ wir nicht verhindern, daß es reich wird,
„ wenn es in unſerer Macht ſteht? Gewiß wir ſol-
„ len; denn ihre Reichtümer beſtimmen unſere Armut,
„ und ihre Armut iſt unſer Reichtum. Wir ſind da-
„ her einer des andern natürliche und nothwendige
„ Feinde; und ſo muß es bis zum Ende der Welt
„ bleiben„ —

Tauſend mein Herr, und zehnmal tauſend pflich-
ten dieſer Meinung uneingeſchränkt ohne Unterſuchung
bei: ja viele ſind ſo leichtgläubig, daß ſie eine Art
von politiſchen und Kommerzialglauben daraus machen,
da ſie doch offenbare ungläubige in anderen wichtigeren
Sachen ſind. Für meinen Theil, war ich niemals,
und wahrſcheinlicher Weiſe werde ich niemals einen An-
hänger von dergleichen Lehrſätzen abgeben. Die Menge
mag denken, was ſie will; denn ich ſchmeichle mir ein
Proteſtant von einer geſchicktern Textauslegung zu ſein,
als daß ich die Unfehlbarkeit eines nur immer mög-
lichen

lichen menschlichen Wesens unterschreiben sollte. Nachdem ich den Ausspruch des Pabstes und seines Konklave verworfen habe, so wäre es sehr hart, wenn man gewärtigen wollte, daß ich mich blindlings dem seichten Urtheile der Bierhauspolitiker unterwerfen sollte, — oder was noch ärger ist dem zum Verkauf bestimmten öffentlichen Schriften und Geschnatter unserer Winkelauthoren. Könnte es nur in der That bewiesen werden, daß das höchste Wesen unvermögend, oder wenn nicht unvermögend, doch nicht gesinnet ist, zwei so große Länder, wie Frankreich und Engelland, mit so vieler Weisheit und Güte zu regieren, wie unsere Erdebeherrscher die stretig scheinende Vortheile von verschiedenen Städten, Märkten oder einzelnen Personen innerhalb ihrem Gebiete für das Wohl des ganzen so übereinstimmend zusamen verbinden können; — dan würde ich in die Versuchung gerathen zu glauben, daß National Antipathie angeeifert, und beständige Kriege als eine Folge davon mit unausgesetzter Rachgier fortgesetzt werden sollten. Aber ich hoffe das Gegentheil mit solchen Beweisgründen dargethan

zu

zu haben, welche nicht leicht erschüttert, noch weniger umgestoßen werden können.

Nichts bestoweniger habe ich meinen Gegenstand noch nicht erschöpft: Ich berufe mich auf alles vorhergegangene, und nehme mir die Freiheit anzumerken, daß eben diese gemachte Anforderungen des Nazionaleibes zwischen Frankreich und Engelland des Beifalls unwürdiger als jede andere seien, welche nur immer zwischen zweien benachbarten Ländern auf dem Erdboden hätten entstehen können. Zum Beispiele: Das Genie eines Franzosen im allgemeinen betrachtet, ist lebhaft und feurig, hinreißend und flatterhaft; eines Engelländers durchbringend und tiefsinnig, ordentlich und verbessernd. In dem einen ist Einbildung, in dem andern Beurtheilung herrschend. Des Franzosen hervorschimmernde Einbildungskraft setzt ihn an die Spitze größtentheils in allen Erzeugnissen, so zur Zierde und Schau gewidmet sind, nicht übertroffen zu werden; des Engelländers reife Beurtheilung kan zur Erzeugung derjenigen Waaren

so

so für den allgemeinen Gebrauch und Bequemlichkeit anwendbar sind, geleitet werden. Der Franzos wünscht des Beobachters Auge auf den ersten Blick zu heften. Ein Engelländer sucht dessen Aufmerksamkeit auf die Güte der Arbeit, auf die Geschicklichkeit und Erfindung des Künstlers rege zu machen. Diese Beobachtungen sind schon vielmal gemacht worden, und sie sind in der That leicht begreiflich warum wurde nicht die schickliche Folgerung davon benützet? — Ist dies nicht eine Folgerung, welche wieder so viele Folgen zum Frieden und zur Glückseligkeit des menschlichen Geschlechts nach sich zieht? nämlich daß dergleichen verschiedene Talente und Fähigkeiten im eigenen Verstande sich nicht für Nebenbuhler eines des andern halten können; denn sie wirken in entgegen laufenden Kreisen, und dienen zu verschiedenen entgegen gesetzten Endzwecken und Nutzen. Daher kann um so weniger der anscheinende Vorwand, die Eifersucht zwischen Frankreich und Engelland in Ansehung der Handlung obwalten, weil schwerlich unter ihnen eine natürliche Mitwerbung entstehen kann.

Uiber dieses ist die Materie, von der wir handeln, zum Frieden und zur Glückseeligkeit der menschlichen Gesellschaft von so großer Wichtigkeit, — daß ich sie noch aus einem andern Gesichtspunkte betrachten muß. — Die Beleuchtung dieses Gegenstandes mag vielleicht einigen meiner Leser zu scherzhaft scheinen. Nach dem aber die Beobachtungen gegründet, und die Folgerungen wichtig sind, so werde ich weniger bekümmert sein in der Hauptsache einem Tadel ausgesetzt zu sein. Hæ nugæ seria ducunt. —

Die Beschäftigung des Monsieur le Valet, und des Monsieur le Friseur und der Mademoiselle Coëffeuse ist, diese schöne Sachen, welche man Beaux und Belles nennt, mit ihren selbsteigenen Fingern zu verfertigen. — Sachen, welche größtentheils ihre Entstehung einem lebhaften Einfall, und einem feurigen nicht auszubrückenden je ne sçais quoi, zu verdanken haben. Folglich können eigentlich zu sagen, in verfertigung dergleichen schönen Sächelchen um ihnen die vollkommenste Artigkeit zu verschaffen keine

or.

ordentliche ſyſtematiſirte Maſchinen gebraucht werden, weil alles in der beſtehenden Grille, Geſchmack oder Anſtand beſteht. Mit einem Worte: die Mode und Façon iſt das große Reich, in welchem Frankreich regirt, und wahrſcheinlicher Weiſe beſtändig ohne Mitbuhler regiren wird. Bei dem tiefſinnigen Engelländer hingegen iſt in dieſem Falle der Umſtand völlig verſchieden. Er thut ſich hervor in Vertheilung der Arbeit nach ihren verſchiedenen Beſtandtheilen, damit jeder nach Maaßgabe der Geſchicklichkeit, Stärke, Alter und Geſchlecht, welche hiezu verwendet werden, zugerichtet ſei. Ferner wird er ſchwerlich ſeines Gleichen haben in Herſtellung und Errichtung der Maſchinen, zu ſo manigfaltigen Endzwecken von verſchiedenen Waaren. Aber er kann ſeine Schwungräder, ſeine Schraubenſtöcke, ſeine Winden oder Hebebäume, ſeinen Wind, ſein Waſſer oder ſeine Feuerwerkzeuge zu der Erzeugung der beaux und belles nicht gebrauchen! denn dieſes iſt eine völlig unterſchiedene Handthierung und wird es auch immer ſo bleiben: folglich iſt er in dieſen Sachen nothwendiger Weiſe immer unerfahren. In der That, wäre es für ihn möglich gewesen sein mechanisches Genie und seine Kommerzialmaschinen zu dergleichen Endzwecken anzuwenden, so waltet kein Zweifel ob, daß solche gemacht würden, wo sodan aber die **Engelländischen** Erzeugnisse von beaux und belles die besten und wohlfeilsten, und die auserlesensten, nettesten auf der Erde sein würden.

Aus diesem scheinet es daher zu folgen, daß die Franzosen sowohl als die Engelländer mit ihren Naturgaben zufrieden sein, und nicht solche Sachen unternehmen sollen, wovon die meisten in der Ausführung fehl schlagen. Ist dieser Vordersatz richtig, so wird, auch die Folge davon sein, daß. wenn diese zwei Nationen sich eines dauerhaften Friedens erfreuen könnten (welches aber schwerlich sein wird, weil der böse Geist der Handlungsneid Uneinigkeit unter sie aussäet) sie desto reicher, und je reicher desto bessere wechselseitige Abkäufer abgeben würden. In einem solchen Falle, wenn Frankreich in seinem Wohlstande wächst, wird der Franzos sich wünschen unterschiedliche Waaren zum Gebrauch und Bequemlichkeit zu besitzen, worauf er

nie-

niemalen in seiner Armut gedacht haben würde: Und würde hernach solche (entweder mittelbar oder unmittelbar) auf den engelländischen Handelsplätzen kaufen, weil dort die größte Auswahl und Verschiedenheit ist, und weil er zugleich finden wird, daß dort fast alle Gattungen von Waaren am besten gemacht und am wohlfeilesten verkaufet werden. Auf der andern Seite würden sich nach Maaßgab des zunehmenden Reichtums Engellands die Engelländer beiderlei Geschlechts wünschen durch französische Moden und Façonen sich, wie sich Lord Chesterfild hierüber ausdrückt, mit dergleichen Schmucke der nicht in diesem Lande gewachsen ist, besonders auszeichnen und herausputzen zu können.

Hier entsteht nun bei mir die Frage, ist hierunter wohl etwas welches widersinnig wäre so zu verfahren? oder was einem als anderen Theile schimpflich oder verächtlich wäre? Warum denn aber ein so lärmendes Geschrei über den Verlust der Handlung? und was für Gründe können nun die Nazionalantipathie gegen einander zu beherbergen angegeben werden? Ja, ich will noch weiter gehen: — Vorausgesetzt daß man

sich

ſich breederſeits an gewiſſe Schranken hält, welches
die Schuldigkeit eines jeden weiſen Geſetzgebers iſt, ſie
einzuführen und zu beſtimmen, und geſetzt, daß ſolche
nicht zum übermäßigen übergehen; was iſt es ſodan,
welches der ſtrengſte Moraliſt in dem Betragen beider
Nazionen tadeln, oder der vernünftigſte Staatsmann
und Einſichtvolleſte Patriot abgeändert wünſchen könnte?
Es könnte noch mehr hinzugeſetzt werden; aber wahrhaftig ich habe genug geſagt. — Uibrigens wenn bei
den dermaligen Umſtänden Sie und andere ſich nicht
ſelbſt zu meiner Lehre bekennen wollen, ſo bin ich
doch völlig überzeugt, daß Sie mir die Güte meiner
Geſinnungen obſchon auf Rechnung meines Verſtandes
zu guten halten werden. Mehr vergnügt mit dieſem
als mit einem mir die Güte der Geſinnugen abſprechen-
den Komplimente hab ich die Ehre zu ſein

Mein Herr

Ihr verbundneſter und gehorſamſter
Diener J. T.

V.

V. Brief.

Der Zustand Engellands und Amerikas, im Falle da Engelland siegen, und die Amerikaner in ihrem Streite unterliegen würden.

An Herrn Necker.

Cui Bono?

Mein Herr!

Engelland und Amerika sind in Krieg verwickelt, und haben in einer Reihe von Jahren erstaunliche Summen Reichtümer verschwendet, Ströhme Bluts vergossen, unzählige Menschen, ohne denjenigen, die in Gefechten geblieben, verlohren; und Verwirrung, und jede Art von Ausscheifung gieng im Schwunge uns zu erhalten — Was? — Engelland spricht daß es um die Wiedererhaltung der Unterwürfigkeit der rebellirenden Kolonisten: — und Amerika, daß es für die Unabhängigkeit streite.

Ich werfe hier nicht die Frage auf, welcher Theil anfänglich oder gegenwärtig nach dem buchstäblichen Verstande der engelländischen Gesetze zu tadeln sei; — Wer in diesem unglückseligen Streite recht oder nicht recht habe? — Das ist eine ganz andere Untersuchung, die gar nicht zu unserm Stoffe gehört. Meine gegenwärtige Beschäftigung ist nur , — zu untersuchen, was für Nutzen oder Vortheil bei glücklichem Erfolge auf einer oder andern Seite zu erhalten sei, wenn einer oder der andere als siegreich betrachtet wird?

Und zwar erstlich Engelland mit Wiedereroberung Amerikas. Man setzet also Engelland habe die Oberhand und die Rebellion sei unterdrückt. — Nein, damit wir in der Sache nicht halb zu Werke gehn, so wollen wir weiter annehmen, daß am Ende mehr als jemalen eine vollkommene Vereinigung und wahrhafte Aussöhnung erfolget sei. Und nun, Cui Bono? und was für Vortheil kann Engelland, wenn die Berechnungen aufrichtig gegen einander gehalten werden, von der Rückkehr der Amerikaner zum Gehorsam erhalten? Man

Man giebt drei Gegenstände als das Ziel unserer gegenwärtigen rastlosen Bemühungen an.

Erstlich trachten wir unsren mit den Kolonien verlohrnen Handel wieder zu überkommen.

Zweitens hoffen wir, daß, wenn eine Aussöhnung Platz greifen sollte, die Amerikaner zu bereden sein werden (wenn auch nicht gezwungen) einige Theile zu den allgemeinen Staatsbedürfnissen beizutragen. Und

Drittens sind wir des Dafürhaltens, daß durch ihre Unterwerfung und Gehorsam wir wieder unsern verdunkelten Ruhm und Nazionalglanz erhalten werden.

Dieses sind die wirklichen oder vorgegebenen Bewegungsgründe, welche für die Fortführung des gegenwärtigen Krieges aufgebracht werden können. Lasset Sie uns daher jeden ins besondere untersuchen, so werden

den wir auf ihre Stärke überhaupt desto besser aufmerksam sein.

Und fürs erste nehmen wir die Wiedererhaltung unserer Handlung vor. Handlung mein Herr, ist ein sehr unbestimmter Ausdruck, und mag bei jedem entstehenden Handlungsverkehr zwischen Nazionen und Nazionen oder zwischen einzelnen Personen gelten, und aller Orten getrieben werden. Aber in der vor uns liegenden Abhandlung muß dieser Ausdruck die Ausfuhr der engelländischen Waaren nach Amerika, und der amerikanischen Produkte nach Engelland bedeuten. Diese Aus- und Einfuhr scheinen wir verlohren zu haben und Krieg und Siege sind als die schicksamsten Mittel unter allen andern vorgeschlagen worden, die Herstellung unserer Einbuße zu verhintern. Nun füget es sich sehr unglücklicher Weise für die Vertheitiger des gegenwärtigen Krieges, daß diese zwei Vordersätze grundfalsch sind, falsch sage ich, in dem Verstande, worin es genommen wird; indem wir auf keine andere Art unsern Handel mit Amerika verlohren haben, als das beide die Amerikaner und
wir

wir ſelbſt viel ärmer und daher für ein als andern
ſo viel ſchlechtere Abnehmer geworden ſind, aus Urſache der übermäßig großen Ausgaben, die der Krieg
verurſacht hat: ——Zugleich aber auch da der Preis
der Waaren und Bedürfniſſen der wechſelſeitigen Länder auſerordentlich für den Verbraucher hinauf geſtiegen iſt; — hinaufgeſtiegen, ſage ich, wegen höhern
Frachten, höhern Aſſekuranzen, und größern Gefahren;
— und über alles dieſes wegen dem großen Gewinn,
ſo die fremden dermalen mit ihren Neutralen Miethſchiffen ziehen, da ſie die alleinigen Faktorn, Mäkler
und Fahrleute zwiſchen dieſen zweien Ländern abgeben.

Dieſes iſt der Fall, und dieſes ſind die beederſeitigen Nachtheile. Iſt es zu wundern, wenn gegenwärtig der Handel zwiſchen Engelland und Amerika
nicht in einem blühenden Zuſtande ſich befindet? In
der That wie könnte er bei dieſen Umſtänden anderſt
ſein? — Hier wird es nicht unſchickſam ſein zu fragen: Wird die Fortſetzung des Krieges, dieſe wechſelſeitige Armut, und Bankerotirerei beſſere Folgen haben? — Werden dieſe Sachen unſere Handlung auf

lebend machen? und werden auf ein oder der andern Seite reichere und beſſere Abnehmer entſtehen? — der Mann der einen ſolchen paradoxen Satz behaupten wollte, iſt in Anſehen ſeiner Vernunftlehre nicht zu beneiden. Er mag ſagen, was ihm gefällt.

Vor dieſem war es eine Art von unverzeihlichem Aergerniß ſich zu bemühen, die Britten zu überführen, daß ihre Waaren in Anſehung der Wohlfeilheit gegen jenen anderer Nazionen einen Vorzug haben. Weil die Engelländer in Anſehen der Ausſichten ihres Handels eine ſehr unverantwortliche Neigung zu dem ſchwermütigen und ſchreckbaren haben. Und nichts ſchien ihnen beſſer zu gefallen, als was der berühmte Lord Cheſterfield pflegte zu ſagen, und ernſthaft geſagt worden, daß ſie zu grunde gerichtet und verlohren wären. Daher kam es auch, daß ſein Freund Lord Bollingbroke alle ſeine patriotiſche Reden, auf dieſe nämlichen Gründe baute; — für welche große Heldenthaten er und ſeine patriotiſchen Brüder bei dem guten Engelländiſchen Volke während der langen, friedfertigen und Wohlſtand er-

ſchaf-

schaffenden Ministerschaft des Herrn Walpole in einem solchen hohen Grad von Hochachtung standen, welche beinah, (wenn ich mich solcher Ausdrücke bedienen dürfte) einer Anbetung gleich kam. In der That lang vor ihnen war zugrundgerichtet und verlohren der Stoff zum Liede. Ein nicht ganz unangesehener Author Joshua Gée war für diese mutlose Meinung so eingenommen, daß er durch Figuren und Rechnungs-Tabellen zu beweisen unternahm, daß die Handlungs Ballanzen auf allen Seiten erstaunlich paßiv für uns wären; so daß zu folge diesem trostvollen Beweise während dem Ablauf dieser zurückgelegten 60 Jahre in ganz Großbritanien kein Schilling Geld verblieben sein würde. Dennoch haben wir mein Herr, von Zeit dieser Periode vorzüglich in unnöthigen und unnutzbaren Kriegen beinahe Hundert und fünfzig Millionen Pf. St. ausgegeben und verschleudert. — Eine überzeugende Probe, daß sich Herr Gée elendiglich in seinen Berechnungen betrogen hat, welches eine sehr traurige Betrachtung für unsere eigene Klugheit ist.

Es sei nun wie ihm sei; was Vernunft und Beweisgründe in Ansehen der Handlung nicht bewirken konnten, das hat zuletzt Selbsterfahrung zu stande gebracht. Denn nun fühlen und finden die Engelländischen Kaufleute und Fabrikanten, daß ihre Waaren auf einem amerikanischen Markte (ungeachtet der dermaligen Nachtheile, aus denen sie sich herauszuarbeiten haben) für besser und wohlfeiler als die nämlichen anderer Nationen gehalten werden, die Amerikaner mögen hierüber Richter sein. Dies ist ein glückliches Omen, aus welchem, wenn ihm eine schickliche Wendung gegeben wird, die besten Folgerungen geleitet werden können. Denn daraus ist unwidersprechlich zu schließen, daß die Amerikaner unsre Waaren, wenn sie es im Stande sind, ungeachtet der bittersten Antipathie, die sie gegen uns hegen, so bald es ihr Nutzen erheischt, kaufen würden. Und ich fodere jeden auf zu beweisen, ob selbe jemalen in Ansehung unserer Waaren ihren eigenen Vortheil auch selbst in den schmeichelhaftesten Zeiträumen ihrer Freundschaft aus den Augen gesetzt haben. (Eines muß ich dennoch bekennen: vormals als es ihnen nach eigener Uiberzeugung

gung sowohl an Vermögen als Willen fehlte zu zahlen, nahmen sie immer viele engelländische Waaren. Und mit diesen nämlichen Kapitalien erkauften sie liegende Gründe, oder trieben damit Handel nach spanischen Provinzen. Dieses ist der eigentliche Verstand, in welchem man die Klagen der Kaufleute über die Abnahme des amerikanischen Handels zu nehmen hat. Ich hoffe aber, daß in Zukunft einem solchen Handel wird ausgewichen werden, das ist, daß wir ihnen in Hinkunft keinen dergleichen uneingeschränkten so großen Kredit mehr geben werden. Die bösen Schulden der Amerikaner an Engelland, waren lang vor den dermaligen Streitigkeiten weit beträchtlicher als man sich vorstellen konnte: — beträchtlicher, als was die ganze übrige Welt an Engelland schuldig war.)

Weiters sehen wir nun und erfahren, daß die besten amerikanischen Landesprodukte den Weeg nach Engelland finden können! wenn wir ihnen den besten Preiß machen, ungeachtet der Hindernisse, welche bürgerliche Kriege und Nazionalfeindschaft vergesellschaftet mit aller erdenklicher Schwierigkeit und Unlust

luſt in den Weeg legen. Der Tabak von dieſen aufrühreriſchen Kalonien **Maryland** und **Virginien** werden nebſt den koſtbaren Landesprodukten anderer Kalonien nun frei und öffentlich eingeführt und verkauft, ja ſogar wie vor dem Kriege in unſern großen Seehäfen öffentlich lizitirt. Was können wir daher nach ſolchen Beweiſen mehr begehren oder wünſchen? Und wenn dieſes nicht genug iſt uns zu überführen, daß die Beſiegung von Amerika, — vorausgeſetzt, daß es thunlich ſei, — auf keine Weiſe einen Nutzen in Handlungs Aufſichten abgeben kann, — ſo ſollte es mich erfreuen zu wiſſen, was für ein Beweis hinlänglich ſein ſoll oder kann? Kurzum, wenn tägliche Erfahrung und Thatſachen nicht das Geſtändniß abnöthigen, daß unſer Plan völlig falſch iſt, ſo weiß ich nicht, wozu wir unſre Zuflucht anderſt nehmen ſollen, als öffentlich und ohne alle Zurückhaltung zu bekennen, daß wir ſowohl wider Uiberzeugung — als gegen unſern eigenen Nutzen handeln, — Non perſuadebis, etiam ſi perſuaſeris.

Aber wir ſind an einem andern Orte belehret worden, daß die Unterwerfung Amerikas das Mittel
ſein

oder eine Untersuchung. 77

sein würde, das Volk von jener Seite des atlantischen Meers dahin zu vermögen, einen Theil der Last zu übernehmen, und etwas zu unsern schweren Nazionalausgaben beizutragen. Gut! und dan wird dieser Sag ungefähr auf folgende Wirkung hinausgehn, obschon nicht in den nämlichen Worten: —

" Nachdem wir uns durch so viele Jahre be-
" mühet haben die Körper der Amerikaner durch
" Gewalt der Waffen zubezwingen, so werden wir in
" Hinkunft von allen dergleichen Mitteln abgehen, weil
" wir gesinnet sind ihre Gemüter durch die überwie-
" gende Macht unserer einnehmenden Beredsamkeit uns
" zu unterwerfen. Wir wollen ihnen sagen, und sie
" werden uns gewiß glauben, daß wir gar keine Nei-
" gung mehr für Zwangsmittel haben. Wir entsagen
" uns, verwerfen, und schwören aller Gewalt und Ge-
" richtsbarkeit über sie ab. Sie sollen sich der un-
" veräuserlichen Rechte im ausgedehntesten Verstande
" zu erfreuen haben. Sie sollen sich ihre eigene Ge-
" seze machen, und in allen Dingen ihre uneinge-
" schränkte Herrn sein, und nur, wenn es ihnen ge-
" fällig

„es koste was es wolle, bis wir diesen Endzweck er„reichet haben.„

In meiner Jugend, mein Hrrr, hatte ich die Ehre mit einem sehr großen Manne einem Originalgenie in der gelehrten Welt bekannt zu sein. Er pflegte zu sagen, daß die schließenden Geisteskräfte der Menschen so erbetelt seien, daß es unmöglich sei, sich über den Genuß derselben in allem Betracht nur auf einen einzigen Tag zu erfreuen. Ein Wahnwitz oder andere Gattungen von Narrheiten können einen des Gebrauchs und der Ausübung derselben entweder gänzlich oder zum Theil, für eine kurze oder längere Zeit, und vielleicht für beständig berauben. Wenn es an dem ist, sagte er, können wir nicht die Beobachtung ein wenig weiter ausdehnen und von der Aehnlichkeit * schließen, daß ganze menschliche Körper, große Gesellschaften auch sogar Nazionen in einigem Betrachte dergleichen Krankheiten und Anfällen von Narrheiten unterworfen sein können? — Nichts weniger als eine der-

---

* Analogie.

dergleichen Vermutung kann nur zur Hälfte die bleibenden Ungereimtheiten und jene Unverträglichkeiten des Karakters und des Betragens ausgleichen, welche mit in die Geschichte gebracht werden, und welche wir in der Welt finden.

Ich will die Meinung dieses berühmten vornehmen Geistlichen nicht vertheitigen, diese öffentliche Ungereimtheiten und widersprechende Gesinnungen nicht mit einer Erzählung herrechnen, von welcher alle Geschichten strotzen. Aber so verwegen will ich sein, eines hievon anzuführen; nämlich wenn die Britten die Franzosen, die Amerikaner die Spanier und die Holländer mit der Beraubung ihrer Sinne nach dem vor uns habenden Gegenstande behaftet sein sollten, so könnten sie keine stärkern Proben von Nazionalnarrheit geben, als sie solche gegenwärtig durch Beharrung in einer Reihe von widersinnigen und verderblichen Entwürfen geben, welche jedem Begriffe der Vernunft so widersprechend, und ihren eigenen und wesentlichen Vortheilen so durchkreuzend entgegen sind.

Der

Der letzte angegebene Beweggrund zur Verharrung auf unseren kostspieligen Entwürfen für die Wiedereroberung von Amerika, ist die Wiederherstellung unsers vorigen Ruhms.

Ruhm mein Herr, als in soweit er dem gegenwärtigen Falle anpasset, kann in einem zweifachen Gesichtspunkte betrachtet werden. Erstlich der Ruhm oder die Ehre ein unbeschreiblich großes ausgebreitetes Reich zu haben: Und zweitens der Ruhm oder die auszeichnende Eigenschaft tapfer und herzhaft zu sein.

Das erste soll hier darunter verstanden werden; denn hier muß vorläufig die wichtige Frage bestimmet werden, nämlich, ob es für unsern wahren Nutzen und Nazional Vortheil ist, ein solches grosses und auserordentlich ausgebreitetes Reich als wir nun haben, oder kürzlich gehabt haben, zu besitzen? Und ob jemand sich unterfangen wird zu beweisen, daß die engelländische Nazion glücklicher, reicher, vernünftiger oder mächtiger durch die Besitzung eines solchen unlenkbaren Reiches ist, aber sein wird. Ich sage alle diese Dinge müßen vorhinein bewiesen werden — und dan, wird es für uns Zeit genug sein in Überlegung zu nehmen, in wie weit unser Ruhm mit der Wiebereroberung einer Souveränität dem Namen nach über diese unzählige und weitschichtige Länder verbunden ist: — Ich sage eine Souveränität dem Namen nach, denn es war im besten Sinne keine andere, selbst wenn wir für Sie Battallien lieferten, und unser bestes Blut und Schätze für ihre Angelegenheiten verschwendeten: — Sogar auch damals war uns nicht erlaubt einen einzigen Amerikaner zum Seedienst an den Ufern auszuheben, ungeachtet unsere Kriegsschiffe in ihren Häfen mit engelländischen Schifleuten die zu ihrer Vertheidigung in Engelland gepreßt wurden, vollgefüllt waren. Der gewesste Gouverneur Hutchinson bestättigte mir diesen Hergang; er sagt, er wollte niemal zugeben, daß eine Preßvollmacht um sie in der Stadt Boston auszuüben ertheilet werde auser zur Einholung engelländischer Deserteurs, und er glaubt, daß dieses in ganz Amerika so gehalten wird. Und dieser war der Mann, dessen Haus die Bostonianer vor dem ausgebrochenen Kriege schleiften, und welchen Doktor Franklin und andere mit rast-

loser

loſer Rache verfolgten, weil er zu nachgiebig für die engelländiſche Regirung wäre. — Wahrhaftig. unſer Ruhm muß um die Aufrechthaltung oder Wiedererhaltung einer ſolchen Souveränität tief bekümmert ſein, unſere Ehre litte zu viel dabei.

Aber es ſcheinet, daß die Regeln von Nazionalehre und Ruhm unterſchieden von allen andern Regeln ſeien, und nicht nach den Begriffen der Vernunft und des geſunden Menſchenverſtands beurtheilet werden müſſen. Der Doge zu Venedig fährt noch heutigen Tages jährlich in großer Pracht und Pomp aus, ſich mit dem **adriatiſchen Meere** zu vermählen, und gewiß iſt es für die Venezianer ein herrlicher Anblick ihren Souverän an eine Braut, die ſo nachgiebig und gefällig iſt, vermählt zu ſehen. Sie müſſen ſich ſelbſt durch dieſe glückliche Heurat für deſto beſſer, deſto reicher, deſto vernünftiger, und deſto mächtiger halten. Übergehen wir, was immer für eine Gewohnheit dieſes Gepränge zu einem Geſetz gemacht hat: — Das Venezianiſche Volk erwartet es als ſeinen jährlichen Feſttag. — da unterdeſſen ſeine Durchlaucht

laucht damit fortfahren. — Wenn er in seiner vergoldeten Staatsgondel mit seidenen Seegeln, und gemahlenen Fähnlein längst des adriatischen Meeres hinab, und nach der Länge das Mittelländische durchseegelte — wenn er die Meerenge von Gibraltar passirte, und in die Mitte des großen atlantischen Ozeans seegelte, um sich mit einem andern Weibe, welches noch artiger, leitsamer und unterwürfiger wäre, vermählte — was würde die Welt — Nein, was würden selbst die Venezianer zu dieser vermehrten Ausgabe eines eitlen Pomps und Gepränges sagen? — Die Vergleichung ist leicht zu begreifen.

Was den zweiten Begrif der Ehre anbelangt, so erlauben Sie mir zu fragen, wer darf oder kann unseren Armeen zu Land oder Wasser einen Mangel an Tapferkeit und Nazionalherzhaftigkeit zumuten? — In der That, in diesem Falle ist es nicht nothwendig, daß wir mit unserm eigenen Lobe zu verschwenderisch sein sollten. In einem so langwierigen Kriege, wie dem dermaligen, ist auser allem Zweifel gesetzt, daß auch die Engelländer einige Beweise von üblen Betragen ge=

gegeben haben, ja es mögte vielleicht beigefügt werden, daß wir nicht allzeit so viele Kühnheit als unsere Nachbarn fühlten. — Aber wer ist es, der in Ansehung dessen den ersten Stein auf uns wirft? — Gewiß nicht die **Amerikaner**: — Und wenn ihren eigenen **französischen** Relazionen über einige kürzlich vorzüglich auf der See vorgefallene Treffen Glauben beizumessen ist, auch die Franzosen nicht. — Und die **Holländer** und **Spanier** betreffend, wenn solche unsere Bravour und Herzhaftigkeit auffordern sollten (welches nicht scheinet, daß sie nur im geringsten dazu geneigt sind) würde es Zeit genug sein, die Beschuldigung zu widerlegen und unsere Ehre zu retten. Zu gleicher Zeit lassen Sie Ihnen es gesagt sein, daß anstatt uns eine Nazional-Zaghaftigkeit oder Mangel der Herzhaftigkeit vorzuwerfen, alle Nazionen **Europens** uns vielmehr allgemein wegen unserer großen Halsstärrigkeit und hartnäckigen Standhaftigkeit in diesem ungleichen Streite tadeln. Sie werfen uns nicht vor, daß wir verzagte **Leute**, sondern daß wir Don Quirote wären, welche um ihre Bravour zu verbreiten sich mit Windmühlen schlagen.

Uiberhaupt und in jedem Betrachte in Handlungs- und Finanz Operazionen oder in dem Punkt der Nazionalehre ist kein Schatten eines Beweises da, welcher wider unser dermaliges Betragen angeführt werden könnte. Würde Amerika in diesem Augenblicke sich selbst zu unsern Füßen legen, und sich mittels einer Kartabianka unterwerfen, wenn wir es anderst wieder in unsere Gunst aufnehmen wollten, — so erforderte es unser augenscheinlicher Vortheil, kein solches Geschenk anzunehmen. — Auser wir wollten in der That des D. Franklins Meinung beipflichten, welche er so vielmal öffentlich vertheitigte, nämlich daß es der Vortheil der Einwohner Engellands erheischte, nach Amerika auszuwandern, und diese Insel in eine Einöde, oder doch wenigstens in eine Provinz jenes großen Reichs zu verwandeln.

Dieses mein Herr, bringt mich auf einen Fall, welcher jenem nicht völlig ungleich ist, den wir bar uns haben. Unsere vormaligen Fürsten, unsere Eduards und unsere Heinriche machten einen Anspruch

auf

auf den französischen Thron: Ihr Wunsch gieng dahin sowohl Könige dieses schönen Landes, als auch Engellands zu sein. Und was heut zu Tage zum wundern und zum erstaunen ist, so waren selbst die Engelländer, anstatt sich einem solchen verderblichen Systeme zu widersetzen, so bethört, es mit Daransetzung aller ihrer Macht zu unterstützen, als wenn sie sich dadurch ihres Lebens und Eigenthums versichern wollten. Zum Glücke für unser Land, zum Glücke sag ich für Altengelland, Ihr weiblicher Heerführer Johanna d' Ark rettete uns zuletzt von der Gefahr siegreich zu sein, — daß ist mit andern Worten die Urheber unsers eigenen Verderbens zu sein. Hat diese berühmte Heldin keine Nachfolger hinterlassen? und können sie in den neuern Zeiten keine andere Johanna d' Ark finden die Flotten und Armeen seiner allerchristlichsten Majestät zu komandiren um uns in unsere Insel zurück zu treiben? Ihre gegenwärtigen Befehlshaber mit all ihrer großen Uiberlegenheit scheinen nebst den Amerikanern nach entgegengesetzten

Grundsätzen ihre Verrichtungen auszuführen. Was dieses für Begriffe von der französischen auserordentlichen Herzhaftigkeit oder Betragen in Entgegenhaltung der unsrigen mit sich führt, ist nicht mein Geschäft zu entscheiden. — Vielmehr lassen Sie mich das ganze mit einer in sich selbst mehr bedeutenden Anmerkung, die sich besser zu dem gegenwärtigen Falle schickt, beschließen. Es war einst eine Periode in unsern Jahrbüchern, da sich die Engelländer für die unglückseligsten Menschen hielten, als sie aus Frankreich vertrieben wurden, weil sie sich vorstellten, daß dieser Verlust unersetzlich wäre. Nichts destoweniger haben sie Zeit und Uiberlegung mit ihrem Schicksale ausgesöhnt, und sie haben aus Erfahrung gelernt (was sie nicht von der Vernunft gelernet hatten) daß sie bei ihren Niederlagen glücklich waren; indem sie in allen ihren künftigen Streitigkeiten nur nach dem Schatten griffen, und das wesentliche fahren ließen: — Mit Hindansetzung der wahren Vortheile ihres Vaterlands für den eiteln Namen fremder Eroberungen. Ja, mein Herr, Frankreich war nicht 3000 Meilen entfernet; noch weniger kön-

können die gesunde Lage, die Annehmlichkeit, der Boden, das Klima, die Produkte, die Denkungsarten des Volkes, ihre Gesinnungen, Anzahl oder die Reichtümer der zwei Länder Frankreichs und Amerikas in Vergleichung gezogen werden.

Mit diesem letzten Dafürhalten bin ich versichert, daß Herr Necker und jeder Franzos in der That jeder unbefangene Mann völlig mit mir einstimmig sein wird.

Mein Herr,

Ihr gehorsamster Diener.
J. T.

VI. Brief.

Eine Unterſuchung, was für Vortheile Amerika zuwachſen, wenn ſelbiges durch Fortſetzung des gegenwärtigen Krieges ſeine äuſerſt ſehnlichen Wünſche der Unabhängigkeit erfüllet ſieht.

An Herrn Necker.

Cui Bono?

Mein Herr!

Nachdem gezeigt worden, daß Engelland bei Bezwingung oder Eroberung, oder Wiedererlangung, oder Unterwerfung Amerikas, (oder wie ſie es immer nennen wollen) unmöglich der gewinnende, ſondern nothwendiger Weiſe der verlierende Theil ſein muß, ſo verändern wir nun die Szene und nehmen an, daß Amerika mit Beihilfe ſeiner großen und mächtigen Alliirten Engelland zu einem an Armut und Nothdurft

be-

verächtlichsten Staate herabsetzen werde. Amerika, das dankbare Amerika triumphirt über seine vormalige Beschützerinn, und jauchzet auf ihren Ruinen, Amerika ist ein entstehendes Reich, ohne Bischöffe! ohne Adel! ohne Könige! Dieses, wie Sie wissen, mein Herr, ist die Sprache jenes berühmten Republikaners D. Price. Aber vielleicht ist ihnen noch nie der Name des wahren Authors von dieser prophetischen Meinung gesagt worden. Es war Ihr eigener Vorfahrer, der ehmalige Monsieur Turgot (Nun da er todt ist, habe ich die Freiheit es zu offenbaren) In einem seiner Briefe ddo. Paris 18ten Februar 1777, so er unter einem äuserst patriotischen Umschlag nach Glocester abfertigte, sagte er: Je fais des Voeux pour la liberté des Americains, parceque ce sera le premier exemple d'un grand peuple, qui n'ait ni Rois ni Nobleſſe (Welche tiefe Bethörung! da er selbst von einer edlen Familie und alten Geschlechte, so wie ich versichert wurde, abstammte) Aber es kann wohl sein, daß, als D. Price nach

Pas

Paris gieng, er in dem Umgange mit Monsieur Turgot wahrscheinlicher Weise von ihm diesen vortrefflichen Lehrsatz erlernte. Denn in seinem berühmten Traktätchen zu Gunsten Amerikas führt er den nämlichen Ausdruck ohne Bischöffe mit einer kleinen eigenen Ausschmückung an (Bischöffe und Kirchenvorsteher werden als gleichgeltende Außdrücke zuweilen in der Bibel angeführt; Warum? D. Price meinet sehr witzig in allem Ernste, daß verschiedene Gattungen von Geistlicher Oberaufsicht zu mißbilligen, jedoch in soweit erlaubt sein könnten, als sie nicht wider die Freiheit der kristlichen Kirche streiten. Dieses im vorbei gehn) Aber kehren wir wieder zurück. Engellands Flagge liegt gebemütiget, und im Staube darnieder, und die amerikanische gestreifte, und mit französischen Lilien durchwebte ist überall siegreich; — Was wird der nahe Erfolg davon sein? — Gewiß nach dieser gänzlichen Trennung wird das sämtliche Volk von der andern Seite des Atlantikums von seinem goldenen Traume aufwachen, und wird über seine gegenwärtige Lage in

Ent-

Entgegenhaltung der vorigen Überlegung machen. Es wird dieses um so leichter thun können, nachdem alle seine Furcht und Schrecken wegen dem grausamen Ungeheuer der tyranischen Regierungsgewalt Engellands sodan seine Endschaft erreichet haben wird, und die polternden Gespenster von Verbrechern, und Ketten, und Torturen, und Hinrichtungen, und geschundenen Köpfen, und blutigen Beinen werden nicht länger Furcht einjagen. Folglich von dieser Seite gänzlich ruhig, wird es seine Blicke auf eine andere heften, und es wird nicht fehlen, daß es sich an alle die reizende Sachen erinnere, welche ihm, um es in diesen Streit zu verleiten von seinen verschmizten Anführern sind versprochen worden.

Groß in der That und prächtig waren die Versprechungen! Sie wären das glücklichste unter allen glücklichen Völkern, vorausgesezt, daß sie das vergällende brittische Joch abschütteln, und ihr unveräußerliches Geburtsrecht, die natürliche Unabhängigkeit behaupten würden. Wenn dieser glückliche Tag erscheinen

nen sollte, alle Klagen und Beschwerden würden auf immer aufhören. Das Volk von Amerika wäre mit einer Lokianischen als der einzig gerechten und auf dem Erdboden einzig freien, folglich mit einer für ein freies Volk, wie die Amerikaner sind, einzig angemessenen und nur allein zu wählenden Regierungsform gesegnet; weil in einer solchen gleichförmigen und freien Republick jeder Mensch sein eigener Gesetzgeber, sein eigener Richter, und sein eigener Regierer seyn würde, wo sodann niemand könnte gezwungen werden mehrere Steuren oder andere Gaben zu bezahlen, worein er nicht vorhinein gewilliget hätte. — Mit einem Worte aller Neid und Mißgunst, alle Faktionen würden aus einem solchen Staate auf immer verbannt seyn, da hingegen Einigkeit, Verträglichkeit, Fried und Freundschaft überall die Oberhand haben würden. — Diese Ehren und Glückseligkeiten wären für Amerika aufbehalten!

Wohlan denn; sie haben das schwere brittische Joch abgeworfen (O mögten die Engelländer soviel vernunft und Stärke besitzen, niemalen mehr die Ame-

ri-

rikaner als Mitbürger, auf was immer für Bedingnisse unterjochen zu wollen!) So entsteht die natürliche Frage, was haben diese Aufrührer bei ihrer so lang gewünschten Veränderung nach so vielem Gepränge, und Lärmen gewonnen? — Sie haben ganz natürlich das, was daraus erfolgt, gewonnen, die Lücke der Verheißungen, welche man nie zu füllen willens ist (wenn anderst dergleichen Eroberungen ein wirklicher Gewinn können genannt werden) sie gewannen eine allgemeine mit Verdruß und Verachtung vermischte Täuschung. Denn nun finden sie das all die schönen Reden, und reizende Versprechungen ihrer patriotischen Anführer im Grunde zu gar nichts dienen, — als nur zu unterhalten und zu täuschen. Nun fühlen sie, daß die kleinen Finger ihrer neuerschaffenen republikanischen Regenten schwerer als der ganze Körper von der milden und eingeschränkten Regierungsform von Altengelland sind: und daß sie (wie die Frösche in der Fabel) die Regierung eines ihnen zum König hingeworfenen Stück Holzes verachtet, und verworfen haben, und nun verhalten worden sind der Tyrannei von hundert Storchenkönigen zu unterliegen. Da

Daher wird und muß Mißvergnügen, Klagen und Geschrei von allen Ecken entstehen, solang die Betrogenen Zungen zum sprechen, und Stimmen gehört zu werden, haben. Und da das Beispiel der vorigen Mißvergnügten mit ihrem vorgegebenen Verzeichnisse von Klagen unter der engelländischen Regierung ihnen noch frisch im Gedächtnisse ist; so werden sie jene vormalige Hergänge benutzen, ihr eigenes Geschütz auf sie richten, und sie mit ihren eigenen Waffen angreifen. In der That nichts kann billiger als eine solche Gattung von Gegenbeschuldigung sein; — vorzüglich, wenn man ferners betrachtet, daß die Ausforderung im letzten Falle in allem Betrachte ungleich größer als bei den vorhergehenden sein wird; denn setzen Sie das äuserste von den übeln, welches die Amerikaner unter der engelländischen Regierung gelitten haben, und entstalten Sie es, wie sie wollen, — sachte! worin bestunden sie? Lauter Zwerge und Püppchen in Betrachtung jener Riesenmäßigen größe von Tyranneien und Bedrückungen, welche die Volksmassa albereit empfunden, und unter ihren neuen Herrn fortan empfinden wird.

wird. Und die Betrachtung, daß die nämlichen Männer, welche vorhin vorgaben, ihre Befreier und Vertheitiger zu sein, die Larve abgerissen, und zulezt ihre wahren Tyrannen, und Unterdrücker geworden sind, wird den allgemeinen Widerwillen noch besonders anspornen.

Hieraus können wir mit allem Rechte schließen, daß die patriotischen Sprecher von Amerika, so sich in vorigen Zeiten unter ihren Freiheitsbäumen und andern öffentlichen Zusamenkunftsörtern mit figürlichen Reden hervorthaten, mit äuserstem Ungestüm und gewiß mit allem Rechte in solchen Ausdrücken sprechen und ausrufen werden, welche ungefähr dahin ausgehn:

"Als dieses ergebene Land unter Engellands
" Schuze stand, — o ein Schuz, welcher nie mehr
" kann erhalten werden! — waren unsere Regirun-
" gen so frei, als es die menschliche Natur und un-
" sere besonders eigene Lage erforderte. Keine Be-
" schränkung wurde uns aufgebrungen, als nur solche,

g   " die

"die unser Mutterland für unvermeidlich und noth-
"wendig gehalten hat, um dadurch in etwas die so
"vielfältigen Vortheile, Gnaden und Schutz zu ver-
"gelten, welche wir von ihm ohne einen Pfenning
"zu den Staatsausgaben beizutragen, genossen. Jene
"Beschränkungen, die sie selbst auf sich nahmen, war n
"für sie weit beschwerlicher; denn ihr wisset alle, daß
"wir ihnen beständig auswichen, wenn unser Nutzen
"erforderte so zu handeln; und unser nachgiebiges
"Mutterland sah bei dergleichen Ausflüchten liebreich
"durch die Finger, so daß es wesentlich keine Be-
"schränkungen für uns waren. Aber nun, — o be-
"trübte Wendung! — Wie hat es sich mit uns geän-
"dert! und was ist aus uns geworden! Wir sind
"nun wirklich die Sklaven unserer Mitbürger gewor-
"den, die uns auf eine erstaunliche Weise hintergan-
"gen und betrogen haben, und nun über unsere
"Leichtgläubigkeit lachen. Sie regiren uns nun mit
"einer eisernen Ruthe, und lassen uns wissen und
"fühlen, daß ihre Beschränkungen, Befehle und Ver-
"ordnungen nicht den vorigen gleichen, von welchen
"man sich nach Gefallen freisprechen oder denen man

unge-

oder eine Untersuchung.

" ungestraft ausweichen konnte, da die vermaligen auf
" das strengste aufgedrungen und pünktlich befolgt wer-
" den müßen. — Wehe dem! der sie übertritt: Geld-
" strafen und Einkerkerungen, körperliche Züchtigungen,
" ja selbst der Tod mag sein gebührender Antheil
" sein. Was die Verheißungen von einer freien und
" gleichen Republik, und die Glückseligkeiten eines Lock-
" anischen allgemeinen Wohlstands.betrift; — diese
" sind alle vergessen, und aus dem Gedächtnisse gekom-
" men. Wahrlich es liegt nun klar am Tage, daß
" man niemalen dachte sich derselben länger zu erin-
" nern, als nur in so lang sie unsere Regirer für
" ihre Fußschämel nöthig hatten um in ihrer Gewalt
" zu steigen. Mit strengem Tone wird es uns nun
" gesagt, daß die Umstände ein solches nachgiebiges Sy-
" stem nicht vertragen können; daß jeder sein eigener
" Gesetzgeber, Regirer und Kontrolleur sein kann. Die
" Umstände erfordern, daß die Regirungszügel mit ei-
" ner stärkern und festern Hand als zuvor zusamen
" gehalten werden müßen, und daß, wer immer sich er-
" kühnen würde gegen diese aufkeimende Staaten un-
" gebührliche Freiheiten herauszunehmen, mit seinem

" Schaden empfinden solle, daß sie das Schwert nicht
" umsonst führen.

" Daher kömmt es auch, daß wir nun das er-
" stemal von ihnen hören, daß es unsere Pflicht sei,
" für die Regirung, unter der wir leben, Ehrfurcht
" zu hegen; und daß weder die Freiheit Matrosen
" und Soldaten zu pressen, noch die Freiheit im Re-
" den in einem solchen Grade, der der öffentlichen
" Ruhe schädlich sein könnte, getulbet werden solle: —
" Worunter sie ihre eigene Gewalt und Würden
" verstehen. Dieses thun diese Männer, welche vor-
" her niemalen aufhörten von Würden übel zu spre-
" chen, und Lügen und Schmähungen bei tausenden
" gegen die beste und gelindeste Regirung erfunden
" und ausgebreitet haben; — diese benehmen uns
" nun das traurige Vergnügen uns wider ihr unge-
" rechtes und tyrannisches Verfahren zu beschweren.
" Das Wort, feindselig gegen Amerika, welches auf
" ihren Lippen und in den Mäulern ihrer Vorläufer
" und Einblaser so gangbar ist, ist ein völlig neu
" gemünztes, in unsern alten Gesetzen nie gehörtes und
" bis

„ bis zur schwarzen Regirung dieser republikanischen
„ Inquisitorn für uns äuserst unbekanntes Wort. —
„ Sie haben in der That nach dem Beispiele ihrer
„ blutdürstigen Vorfahren der spanischen Inquisitorn
„ eine Art von Staatsketzerei errichtet, welche nach
„ ihrem Gefallen zu allem anwendbar ist, und ihnen
„ zu einem schicklichen Werkzeuge dienet, ihre Bos-
„ heit alle fühlen zu lassen, die sich unterstehen wür-
„ den entgegen zu sein, oder nur ihre schwachen Tha-
„ ten und Handlungen zu tadeln.

„ Vorhin wurde behauptet, daß wir unter uns
„ keine Partei und Zwietracht haben sollten, wenn es
„ nicht wider jene falsche Brüder wäre, welche sich
„ stets bestrebten uns mit englischen Ketten zu fesseln.
„ — Diese Ketten sind zerrissen um nimmermehr zu-
„ samen gefügt zu werden. Haben aber unsere Erbit-
„ terungen ihr Ende erreicht? Und herrschen nicht
„ unter uns in diesem Zustande Fakzionen, und Miß-
„ gunst? Weit entfernt: der böse Geist der Zwietracht
„ war nie so gemein als dermalen. Er hat jeden
„ Theil von Amerika von einem Ende bis zum an-

„ bern angesteckt. Wir zum Beispiele, die ge-
„ schmeichelten Unterthanen dieser freien und gerechten
„ Republik haben eine gerechte Ursache zu klagen; denn
„ wir sind betrogen, hintergangen und verrathen wor-
„ den. Nun einen Blick auf unsere gebieterische Herrn
„ und Urheber unsers Verderbens. Was für eine Art
„ von Freundschaft und Eintracht genießen sie unter
„ sich selbst? — Gar keine: — denn wir wissen,
„ daß sie auf jedes andern Ansehen und Macht eifer-
„ süchtig sind: Wir wissen, was sie für feine Muster
„ der Bevortheilung und des Betrugs sind: — Und
„ daß sie sich aller Hilfsmittel, es sei Gewalt oder
„ Betrug, Bestechung oder Furcht, wenn es sich in
„ das Werk stellen läßt, bedienen, um ihre Endzwecke
„ zu erlangen und ihre Mitbuhler zu zerschmettern.
„ Und jenes üble Geblüt, und die vormals zwischen
„ den nördlichen und südlichen Kolonien bestandenen
„ Gehässigkeiten sind sie gedämpft? Sind sie seit
„ unserer letzten Revolusion besänftigt und gemildert
„ worden? Nein, sie sind es nicht: Im Gegen-
„ theile alle vorige Mißfälligkeiten und Abneigungen
„ sind durch die nämlichen Wege und durch Schimpfen

"sen und wieder Schimpfen zu einer solchen Höhe und
" Entzündung gestiegen, daß die Folge davon für
" einen bürgerlichen Krieg kann angesehen werden.
" Weiters ist es hinlänglich bekannt, daß die meisten
" von unsern Provinzen einige Klagen gegen jede an=
" dere haben, und daß selbe öfters über wechselseitige
" Eingriffe und Besitznehmungen Klagen führten (welche a=
" ber durch die Furcht vor dem Mutterlande in ih=
" ren Schranken gehalten, und der Ausbruch öffent=
" licher Gewalt verhüttet wurde) — Wie steht es
" nun derzeit in dieser Sache? Wahrhaftig, da der=
" gleichen Beschränkungen von dem Mutterlande auf=
" gehoben sind, so sind diese schlafende Klagen auf das
" neue ausgebrochen, und jeder Vorwurf ist mit ei=
" ner verdoppelten Gehässigkeit und größerm Durste
" nach Rache erneuert worden — In der Sache selbst
" sind wir ein wenig besser daran, als wenn es öf=
" fentlicher Krieg wäre, da wir doch die Friedenszei=
" chen zu tragen scheinen.

" Mit kurzem: Unser Vaterland ist keineswegs
" von uns selbst mehr wünschenswerth, vielweniger
" von

„ von andern. Es war einst eine sichere Zuflucht für
„ die übrige Welt. Aber nun ist es kein Ort der
„ Sicherheit mehr, nicht einmal für seine eingebohrnen
„ Bewohner. Eine große Anzahl hat es bereits ver-
„ lassen um nach Europa als das Vaterland ihrer
„ Voreltern zurück zukehren: Und noch eine größere
„ Anzahl ist in weit rückwärts gelegene Länder, welche
„ mit Seen umgeben sind, ausgewandert, um dort
„ neue Ansiedelungen und neue Regirungsformen zu ma-
„ chen. Dieses, sagen sie, können sie mit dem
„ nämlichen Rechte thun, welches uns zustund, von
„ Engelland, welches uns so lange geschützt und ver-
„ theitiget hat, uns völlig los zu reißen: — Ja sie
„ führen noch mehrere und bessere Gründe der aus-
„ nehmenden Verbindlichkeit an, die wir unter der
„ mildesten und wohlthätigsten Regirung auf der Welt
„ empfangen haben. Und um zu zeigen, daß es ihr
„ wahrer Ernst ist, so fordern sie uns heraus, und
„ drohen uns zu überfallen (so wie es ein engellän-
„ discher Patriot lang vorgesagt hat;) mit einer
„ großen Anzahl leichter Reuterei nach Art der A-
„ siaten und europäischen Tatarn: — weil sie
wohl

"wohl vorsehn, daß wir ihr Land nicht anfallen
"können.

"Unter den vielen vormaligen Glückseligkeiten,
"deren wir uns zu erfreuen hatten, war auch dieje-
"nige, daß wir ruhig in unseren Betten schlafen konn-
"ten ohne in der Furcht zu stehen, zum See-
"oder Landdienste ausgehoben zu werden; — nicht
"einmal zur Vertheidigung unsers eigenen Landes ge-
"gen Frankreich oder Spanien, oder eine an-
"dere fremde Macht: — Das Mutterland hatte sehr
"liebreich alles dieses für uns mit Daransetzung seines
"Bluts und wahrhaftig erstaunlichen Ausgaben über
"sich genommen: — so daß nicht ein einziger Mann,
"wenn er nicht freiwillig den Soldatenstand erwählen
"wollte, gezwungen wurde seinen Ackerbau, sein
"Gewerb, seine Fischerei, oder sein Handwerk zu
"verlassen um einen Matrosen oder Soldaten im
"Staatsdienste abzugeben. Aber nun müssen wir uns,
"wir mögen wollen oder nicht, unter die Landmiliz
"stellen lassen, und auf ein Kommandowort in das
"Feld ziehen. Der nämliche Zwang erwartet uns

„ auch für den Seedienst: Wir sind nicht mehr,
„ ja so gar nicht in unsern Häusern und Betten un-
„ sere eigene Herrn. Izt spricht man jede-Re-
„ publick müße mit einer angemissenen Anzahl von
„ Kriegs- und Jagdschiffen, Fregatten und Küstenbe-
„ wahrern zu ihrer eigenen Sicherheit versehen sein.
„ Dieses sind für uns Amerikaner ganz fremde Leh-
„ ren; wir hörten sie vor diesen glücklichen Zeiten
„ nie.

„ Die Aufmunterung und Freiheit des Handels
„ war auch ein anderer grosser Vorwand uns an der
„ lezten Rebellion Theil nehmen zu machen. Sowohl
„ in dieser als in allen andern Streitsachen sind uns
„ besondere Dinge, deren Ungrund uns nun die Erfah-
„ rung lehrt, glauben gemacht worden. Aber izt, da
„ es zu spät ist, wissen und fühlen wir, daß das
„ Mutterland sehr weit entfernt war betrügerische Ent-
„ würfe um uns in Armut zu versetzen gemacht zu
„ haben, sondern vielmehr im Gegentheile, auf Mittel
„ und Wege für unsern Wohlstand öfters zu seinem
„ eigenen Verluste dachte, — da es uns verschiedene
Mo-

"Monopolien gegen sich selbst verwilligte. Zum Bei-
" spiele, es legte eine schwere Maut auf alles fremde
" Eisen (ob es schon ein rohes und nothwendiges Ma-
" teriale für seine Manufakturen ist) und nahm das
" amerikanische davon aus. Es that das nämliche
" mit dem ausländischen Hanf, und verwilligte über
" dies noch auf unsern sehr große Prämien auf dessen
" Anbauung und Einfuhr. Auf den nämlichen Weg
" behandelte es unser Pech und Thran, Indigo und
" grobes Hausgeräthe, und viele andere Artikel, so
" daß, wenn fremdes Materiale durch schwere Maut-
" belegung abgeschrecket wurde, unsere mit großen
" Prämien genährt und herangezogen worden; und
" den Tabak belangend gab es Amerika ein so un-
" umschränktes Monopolium, daß es nicht allein allen frem-
" den Tabak untersagte, sondern zugleich den Tabakan-
" bau in seinem eigenen Lande aufs schärfste verbot.
" Weiters in Ansehung unserer Fischereien und aller da-
" raus entspringenden Produkten verwilligte es uns fast
" jeden Vortheil und Nachsicht, welche es seinem ei-
" genen Volke zugestanden; — und wenn es unsere
" vortheilhafte Lage in Erwägung zog, so war es
" viel-

„ vielleicht mehr auf unsern als auf eigenen Nutzen
„ erpicht. — Denn überhaupt, die Wahrheit auf ein-
„ mal zu gestehn, wenn wir mit selbem vereiniget
„ waren, so sah es uns für seine Lieblingskinder an,
„ aus welchem erfolgte, daß es dachte uns nie genug
„ thun zu können, und derohalben uns mit einer be-
„ sondern und vorzüglichen Nachsicht, weil wir so weit
„ von ihm entfernt waren, behandelte. Mit einem
„ Worte, bei jedem Gesuche, wo der Vortheil En-
„ gellands und Amerikas sich zu begegnen schien,
„ gab es jederzeit Amerika den Vorzug.

„ Ja meine Mitbürger von Amerika, dies
„ war die Tyranninn diese blutige und grausame Ty-
„ ranninn, von der wir belehrt worden sind sie als
„ die Anschlagschmieberinn unsers Verderbens und Unter-
„ gangs zu betrachten: — dies war sie, die uns in
„ den verabscheuungswürdigen Farben und übelsten Ge-
„ sinnungen vorgestellt worden ist. Wie unglücklich
„ waren unsere Mißverständnisse! und was für eine Züch-
„ tigung verdienen diese Männer, so uns darein ver-
„ setzet haben! — Sie ließen uns niemal die Wahrheit

„ heit der Sachen, bis es zu spät war, wissen,
„ sondern gebrauchten uns als Werkzeuge unsere besten
„ Freunde und Wohlthäter, — weil sie ihnen bei
„ ihrer unrechtmäßig errichten wollenden Hoheit im
„ Wege standen, zu durchbohren: — Und leider! in
„ Abgebung ihrer Werkzeuge haben wir eine Gattung
„ von Selbstmord an uns begangen!

„ Werden uns unsere große und gute Aliirte die
„ Franzosen für diese Einbuße und Ungerechtigkeiten
„ schadlos halten? Werden sie uns Prämien und
„ Rückzolle, ausschließende Freiheiten und Monopolien
„ aus zu Gunsten und zu ihrem eigenen Schaden ge-
„ ben? Nein, sie werden es nicht thun. Denn ihr
„ Endzweck die Macht Engellands mit unserer Bei-
„ hilfe zu Grund zu richten ist erfüllt, sie haben un-
„ sere Hilfe und Dienst nicht mehr nöthig, und wir
„ mögen uns, so gut wir können, forthelfen. Kurzum,
„ sie drehen nun das Brettspiel um, und dienen uns
„ so, wie wir den Engelländern gedienet haben.
„ Durch ihre Thaten geben sie uns vollkommen zu
„ ver-

"verstehen, daß obschon sie den Verrath lieben, sie
"dennoch den Verräther hassen.

"Ferners sind wir belehrt worden zu glauben,
"daß, wenn wir einmal unsern Lieblings Gegenstand
"die Unabhängigkeit werden erworben haben, wir
"in den Stand gesetzt sein würden mit weit grö-
"ßern Vortheile, als wir vorher gethan haben, oder
"konnten, einzukaufen und zu verkaufen. O ihr
"Amerikaner, sprecht, wenn ihr könnt, ist dieses der-
"malen der Fall? — Und wenn wir alle Märkte in
"Europa versucht haben, sind wir nicht genöthiget
"zu den engelländischen um jede anwendbare und
"nützliche Waarenartikel (wenn es nicht babioles
"und Puppenwerk ist) wieder als zu unserer letzten
"Zuflucht zurückzukehren? Erfahrung lehrt es uns nun,
"daß sie bessere und wohlfeilere Waaren verkaufen und
"längern Kredit geben können. — In Anbetracht des
"letztern, den langen Kredit, da war einst eine
"Zeit, da man zuversichtlich sagen konnte, daß ganz
"Amerika mit dem Kredit von engelländischen Ka=
"pitalien handle. Unsere Kaufleute erkauften engel=
"län

„ländische Waaren auf langen Kredit, und wenn in-
" nerhalb zwölf Monaten Rimessen nach Engelland
" gemacht wurden, so war es für eine gute Zah-
" lung angesehen; — wenn innerhalb zwei Jahren,
" für keine schlechte: und viele steiften sich auf die
" Geduld ihrer engelländischen Gläubiger dergestalt,
" daß sie vor Ablauf dreier Jahre keine Zahlung
" machten (derer nicht zu erwähnen, welche niemals
" willens waren eine Zahlung zu machen) Wenn nun
" unter dieser Zeit die Waaren in Amerika abgesetzt
" worden, zu was für einem Gebrauche wurde denn
" das daraus erlöste Geld von unsern amerikanischen
" Glücksrittern gemeiniglich verwendet? — Es wurde
" auf acht per Cent Zins ausgelehnt; — oder es
" wurde zu dem Handel nach der spanischen Küste,
" wo der Nutzen zwanzig per Cent betrug, verwendet;
" — oder zum Ländereienerkauf in unsern eigenen Pro-
" vinzen; — so daß unter dieser Zeit unsere ame-
" kanischen Avanturiers auf Unkosten ihrer treu-
" herzigen engelländischen Gläubiger reich und groß
" geworden sind. Aber diese Zeiten, wie änderten
" sie sich in wenigen Jahren? Unsere europäische

"Kor-

„ Korrespondenten sowohl in Frankreich als in an-
„ dern Ländern erwarten dermalen, daß wir ihnen bor-
„ gen, anstatt daß sie uns borgen sollten: und es ist als
„ eine besondere Gefälligkeit anzusehen, wenn sie uns
„ einen Kredit von sechs Monaten anstatt des 18
„ monatlichen oder zwei jährigen eingestehen. Auf der
„ andern Seite finden wir zugleich durch theuer er-
„ kaufte Erfahrung, daß die Engelländer für jede
„ Gattung unserer Produkte (in Friedenszeiten) einen
„ bessern Preis, als wir anderstwo erhalten können,
„ geben; — und daß ihre Zahlungen ungleich richtiger
„ seien, da sie gemeiniglich voraus, bevor die Waaren
„ in Engelland ankamen, geschehen. Nun diese
„ edelmüthige Korrespondenten und geneigte Wohlthä-
„ ter sind das nämliche Volk, welche unsere gegenwär-
„ tige Regenten uns als die schelmischsten, die treu-
„ losesten, die betrüglichsten und die unredlichsten Kauf-
„ leute in der handlenden Welt vorstellten. O möchten
„ wir doch mit keinen schlechtern Bezahlern oder un-
„ redlichern Handelsleuten, als diese waren, zu thun
„ haben!

„ Aber

oder eine Unterſuchung.

"Aber oben drein noch unſere Abgaben! ja
"unſere Abgaben, — die engelländiſche geſetzgebende
"Macht hatte uns eine auserordentliche, ungeheure,
"und drückende Auflage von drei pences auf jedes
"Pfund Thee und einen halfpenny Stempel auf
"das neue Papier gelegt: Gewiß war dies eine un-
"erträgliche Laſt, — Eine ſehr hinreichende Urſache
"unter der Schwere eines ſolchen Joches zu
"rebelliren! Aber nun, — was zahlen wir dermalen,
"oder beſſer, wovon zahlen wir nichts? — Ach! da
"iſt ſchwer ein einziger Artikel, es ſei von lebenden
"oder von todten Kapitalien, oder von Land- und
"Waſſerprodukten, oder von der Frucht unſers fleißi-
"gen Ackermanns, der vor den Klauen dieſer verder-
"benden Heuſchrecken ſicher wäre. Sie belegen
"alles mit Abgaben, und verſichern anbei, daß dieſes
"noch nicht genug wäre, und daß nächſtens ſolche
"müßen erhöhet werden. Kurzum, Amerika iſt für
"ein ganzes künftiges Zeitalter einer Schuld von Mil-
"lionen über Millionen verpfändet, um zu erhalten.
"— Was? Bloß allein, daß eine gewiſſe Anzahl un-

h dank-

„ dankbarer Leute von der niedrigsten Klasse sich em-
„ por geschwungen und in ihrer Macht erhoben ha-
„ ben, um die bessern beleidigen zu können und Prin-
„ zen und Prinzessinnen in diesem sonst freien Lande zu
„ werden.

Es könnte noch vieles, mein Herr, was einen Be-
zug hierauf hat, angeführt werden, und viele von
den dermaligen Großen könnten darüber ziemlich belehret
werden. Aber ich bin versichert, daß Sie diesen Ver-
such für hinreichend halten werden, meinen
großen Beweis bestättiget und beleuchtet zu haben, —
nämlich daß die **Amerikaner** sowohl als die andern Mächte in den gegenwärtigen Zwistigkeiten nach
Grundsätzen handeln, die ihrem Nutzen völlig entgegen
laufen. Sie beschleunigen ihr eigenes Verderben, wenn
sie nach unserm Sturze und Vernichtung streben. So
daß, wenn sie es dahin bringen sollten, wir die Ge-
winner und sie die Verlierer sein würden. Eine besondere Verwandlung ist diejenige, wo alles umgekehrt
ist. Gegenfüßler giebt es auser allem Zweifel in der

na-

natürlichen Welt, aber daß es moralische, politische, und kommerzialische giebt, dies ist eine neue Erscheinung, so für die Staatsmänner und Politiker dieser Zeit aufbehalten ist. In Ansehung der Wahrheiten dieser Thatsachen, welche in der vorhergegangenen patriotisch-amerikanischen Rede angeführt worden (soviel es die Begünstigungen und Aufmunterungen von Engelland betrift) sind solche unwidersprechlich, und können nicht geläugnet werden. Was die übrigen kleinen rednerischen Züge betrift, so sind sie von keiner so großen Folge, und könnten daher nach Gutbünken meiner Leser angenommen oder verworfen werden. Nur eins mein Herr, getröste ich mich, daß mir ganz gerne wird zugegeben werden, daß Leuten nichts gemeiner ist, als daß sie, wenn ein verwegener Entwurf fehlgeschlagen hat, gemeiniglich die Schuld von sich ab, und auf jeden andern wälzen.

Die Amerikaner werden unter diese Gattung gesetzt werden können, sie werden ihren Zweck verfehlt haben, überaus mißvergnügt, und durchaus unzufrieden sein. Wenn sie nicht länger mit Engelland werden in Verbindung leben, so wird ihr Vorwurf auf jeden andern fallen die Urheber ihrer verschiedenen Drangsalen gewesen zu sein. Alles zusamengenommen werden sie die von Horaz schon lang gemachte Anmerkung erfüllen:

" Virtutem incolumem odimus,
" Sublatam ex oculis quærimus invidi.

Daß aber Amerika in Hinkunft ein großes aufsteigendes Reich unter einem entweder republikanisch- oder monarchischen Haupte sein soll, ist der schwülstigste Gedanke, den je ein Romanschreiber aushecken konnte; weil es dem Genie dieses Volkes ganz nicht angemessen ist. Die Lage ihres Landes, oder der natürliche Unterschied ihrer Klimate kann keine dergleichen Vermutung unterstützen. Im Gegentheile kann jede Prophezeihung aus der reifen Uiberlegung ihrer wechselseitigen Antipathien und entgegenstreitenden Nutzens ihrer verschiedenen Regirungsformen, Gewohnheiten und Sitten genommen, und klar bewiesen werden, daß unter den Amerikanern, wenn sie völlig von der Gewalt und Regirung Engellands weg gekommen sind,

sind, keine allgemeine Vereinigung noch ein gemeinschaftliches Interesse statt haben kann. Noch mehr: wenn die Zertheilungen, und Durchschneibungen ihres Landes durch große Meerbusen und beträchtlich große Flüsse, Seen und hohe Reihen von Bergen da zu gerechnet werden; — und über alles dieses, wenn jene ungeheuer große einwärts gelegene Landschaften nebst den rückwärtigen Besitzungen, welche noch bis dato unangebauet sind, in Anschlag gebracht werden, so entsteht daraus die größte Wahrscheinlichkeit, daß die Amerikaner niemal ein vereinigtes Reich, unter was für einer Regirungsform es immer sein mag, ausmachen werden — Ihr Schicksal scheint — ein zerstreutes Volk bis in die letzten Zeiten zu sein. Kurzum, die einzige wahrscheinliche Mutmaßung, die sich vermuten von ihnen haben läßt, ist, — daß, da sie in ihrer Gemütsart so eifersüchtig und mißtrauisch und so argwöhnisch auf jeden andern sind, sie in kleine Republiken oder Fürstentümer nach der oben angeführten natürlichen Trennung ihrer Ländergränzen zertheilt und untergetheilt, und überhaupt genommen alle mehr

für

für die Fortsetzung ihrer eigenen innerlichen Zänkereien und Strittigkeiten besorgt, als begierig sein werden auswärtige Kriege und weit entlegene Eroberungen zu unternehmen. Sie werden nie Muße oder Neigung noch Geschicklichkeit zu dergleichen Unternehmungen haben. —

Es könnte über diese Abhandlung noch vieles gesagt, und in verschiedenen Beleuchtungen dargestellt werden. Da ich aber albereit ihre Geduld zu viel geprüft habe, so will ich nicht weiter darin fortfahren, und ich habe die Ehre zu sein,

Ihr gehorsamster Diener
J. L.

VII

VII. Brief.

Ein Plan für eine allgemeine Zufriedenstellung mit Anmerkungen.

An Herrn Necker.

Mein Herr!

Wir sind nun von dem Hafen nicht weit mehr entfernet, wir sehen schon Land, noch einen Brief, dan hat die Fahrt dieser meiner Briefe ihr Ende erreicht. — In der That, Friede ist der Hafen, nach welchem ich steure, und in welchen ich einzulaufen wünsche, um mein kleines Bötchen abtackeln zu können. Ein dergleichen Gegenstand kann ihnen nicht unwillkommen sein, wenn Sie derjenige sind, wie sie es denn gewiß sind, der seinem Monarchen den vortreflichen Grundsatz anempfiehlt: "Daß keine Gattung von Eroberungen und "Allianzen so viel als die beständige und kluge Auf-

merk-

„ merksamkeit auf Ackerbau, Gewerbe und Künste des Friedens zu dem wahren Wohlstand und Größe eines Staates beitragen. „ Da wir nun hierinn bederseits einstimmig sind, so lassen sie uns trachten, daß ein und der andere zu diesem guten Werke hilfreiche Hand darbiete.

Vielleicht mag in der That die Unbedeutlichkeit des Geschäftsträgers (ich verstehe darunter mich und nicht Sie) einiges Vorurtheil wider das Anhören der Vorschläge, die aus einer solchen Gegend kommen, mit sich bringen. Sei es an deme, aber unterdessen sind doch wohlgemeinte Bemühungen nicht völlig abzuschrecken. Denn ich erinnere mich gelesen zu haben, daß, als die Künstler in Rom bei Aufrichtung einer großen alten Säule ihre Gerüste und Werkzeuge 2 oder 3 Zolle zu groß fanden, und in Verlegenheit waren, wie weiter damit vorzugehen sei, sie unter der Menge der Zuschauer einen Knaben beobachteten, welcher schrie: Macht die Stricke naß, und sie werden sich zusammen ziehen. In Befolgung seines Einschlags

vol-

vollendeten sie ihr Unternehmen, und die Saule wurde auf ihr Fußgestelle gebracht, und steht noch heutiges Tages aufrecht. Und ich hörte nie, daß diese Künstler dieserwegen wären getadelt worden, oder einen Tadel verdienet hätten. Zudem sind alle, dermal im Kriege begriffene Mächte, ihrer gegenwärtigen militärischen Auftritte herzlich satt. Ich werde mich unterstehen unter diese Zahl die Holländer und Spanier sowohl, als die Franzosen, Engelländer und Amerikaner zu zählen; denn der Fall ist bei jedem gleich. In der That, alle Theile sind auf die letzt durchaus sehr überzeugt, daß sie um einen Schatten gefochten haben; — oder vielmehr, was noch ärger ist, als ein Schatten, um ein höchst schädliches und verderbliches Weesen. Nichts destoweniger Hochmut, Nazionalstolz gestatten nicht dieses offenherzige Bekenntniß zu machen. Daher sollten die Bemühungen eines obschon unbedeutenden Mannes in diesem Falle nicht ganz hinweggeworfen werden. Er kann einige Sachen vorschlagen, welches vernünftigen Köpfen nicht beigefallen ist, oder er kann dadurch alle Theile sich einander näherend machen, ohne daß es scheinet, daß ein Theil dem andern nachgebe, oder die ersten Schritte dazu gemacht habe. — Aber es mag auch daraus erfolgen, was da will, und wenn neuerdings seine Bemühungen nicht sollten geachtet werden, wie solches schon öfters geschehen ist, so ist das Verlangen gutes zu thun und das mens conscia recti in sich selbst keine geringe Zufriedenheit. Ein machiavellischer Politiker ist nicht beneidenswerth.

Entwurf
zu einer allgemeinen Zufriedenstellung mit Anmerkungen hierüber.

I Man lasse alle Länder und Festungen, welche während diesem Kriege erobert worden, wechselseitig, und so viel, als es nur immer möglich, in dem Zustande, wie sie vor ausgebrochenem Kriege waren, zurückgeben. Diese Regel sollte auf alle Theile der Welt ausgedehnt werden, auser solchen Plätzen, wo

wo es anderſt damit derzeit oder im folgenden Trak‑
tate gehalten werden ſolle.

II Man laſſe die Länder zwiſchen den Flüſſen Penobs‑
kot und Konnektikut, welche beinahe alle die
Provinzen von New‑Hampshire, Maſſachuſets,
Rhode‑Island und Konnektikut in ſich faſſen den
amerikaniſchen Republikanern mit vollen Gerecht‑
ſamen abtreten.

III Man laſſe die königlich geſinnten Amerikaner ſich
des Diſtrikts vom Fluſſe Konnektikut zum Hud‑
ſons Fluſſe nebſt Long Island und Staten
Island zu erfreuen haben.

IV Man laſſe alle die Länder vom Hudſonsfluſſe
zu der nördlichen Gränze von Nordkarolina mit
Inbegrif eines Theils von der Provinz New‑York,
alle die Jerſeys, ganz Penſylvanien, die drei
weiter herunterliegenden Grafſchaften und ganz Ma‑
ryland und Virginien auf ewig an die Repu‑
bli‑

blikanischen Amerikaner. Durch diese Austheilung oder Zertheilung werden sie auf der Stelle mit dem ruhigen Besitze von neun aus den dreizehn Provinzen zu zufrieden gestellt. In diesen sollen sie unabhängig von Großbritanien und Großbritanien unabhängig von ihnen sein.

V Man lasse den königlich gesinnten die drei übergebliebenen Provinzen, nämlich Nordkarolina, Südkarolina und Georgia.

VI Da die Provinzen New York, Nord- und Südkarolina und Georgia für die königlich gesinnten Flüchtlinge Zufluchts- und Sicherheitsörter sich dahin zu ziehen abgeben werden; — so lasse man die nämliche königlich und vermischte Regirungsform in jeder, so wie sie es zuvor gehabt hatten, wieder herstellen, jedoch mit der Bedingniß, daß diese Regirungsform nicht länger als zehn Jahre von dem Tage des unterzeichneten Vertrags dauren solle. Nach Ablauf dieser bestimmten Zeit setze man die Verordneten von jeder dieser Provinzen in die vollkommene Freiheit eine für sie am schicklichsten dünkende Regirungsform zu wählen.

VII Man trete die **West-Floridas** an **Spanien** nebst der Festung **Gibraltar** ab, wenn anderst Se. katholische Majestät die Insel Portoriko dafür zum Tausche geben will: Ein Platz von so wenig Nutzen für ihn, als Gibraltar für Engelland.

VIII Man lasse die Insel **Minorka** an das Haus **Oesterreich** abtreten als eine unterlegte Niederlage zwischen den Häfen **Triest** in Dalmazien und **Ostende** in Flandern: aber man lasse die ganze Insel mit allen Häfen und Festungen, so dazu gehören, als einen allgemeinen freien Hafen, oder allgemeines Magazin ansehen, wo keine Gebühren weder für die Ein- noch Ausfuhr abgefordert werden können, und wo sowohl Kriegs- als Kauffarteischiffe aller Nazionen frei und sicher aus- und einlaufen, frei ein- und ausladen, in die See stechen, oder nach Gutbefinden ausbessern könnten, ohne dieserwegen unter keinerlei Vorwand etwas anders, als nur die alleinigen Unkösten der Handwerksleute und Schiffzimmerleute ꝛc. ꝛc. zu bezahlen.

IX. Man lasse den Kaiser die Kriegführenden Mächte einladen, damit sie Bevollmächtigte schicken, welche in Brüssel oder in einem andern Ort in den östereichischen Niederlanden zusamen kommen sollen, über die Mittel einen allgemeinen Frieden herzu stellen sich zu berathschlagen; und wenn ein Frieden nach den oben angeführten Bedingnissen oder einigen andern annehmlichern der zufrieden zu stellen kommenden Theile kann erhalten werden, — so lasse man solchen von den großen Mächten in Deutschland, der russischen Kaiserin und den Königen von Schweden und Dänemark feierlichst garantiren.

An-

Anmerkungen.

I. Dieser obige Plan für einen allgemeinen Frieden ist nicht vorgeschlagen worden, als wenn er in seiner Gestalt der vollkommenste wäre, sondern nur als der thunlichste und der leichteste von den zu befriedigen kommenden Theilen angenommen zu werden. Weil, wo so verschiedene Vorurtheile zu bestreiten sind, der Mann, so er einigen Erfolg hoffen will, dergestalt in den Mittelweg einschlagen muß, damit alle in einiger Rücksicht, wenn es auch nicht vollkommen nach ihren ausschweifenden Wünschen sein kann, befriediget werden können.

Das beste System (das beste, was Engelland betrift) würde sein, alle fremde Besitzungen auf einmal wegzuwerfen; — und sich bloß und allein auf die Güte und Wohlfeile unserer Manufakturen und auf den langen Kredit, den wir geben können zu verlassen; als wodurch wir uns des Absatzes in jene (abgetretene) Länder sowohl als in die andere versichert halten können. Zunächst wird uns
un-

unser namhaftes Kapital, und der überwiegende Einfluß des vortheilhaften Verkaufs und richtiger Zahlung in Erkaufung aller Gattungen Waaren und Bequemlichkeiten von jeder Nazion in der Welt zu Hilfe kommen: — und dann sind wir vermögend unsere Macht zu Wasser und zu Lande an unsern eigenen Küsten wohl beisamen zu halten, und nicht zertrennt für auswärtige Unternehmungen, sondern vielmehr stets beihanden zu unserer eigenen Vertheidigung für alle gewaltige Uiberfälle zu haben. Dieses, sage ich, würde der beste und vernünftigste Entwurf sein; — noch mehr, dieses ist der alleinige Entwurf, zu welchem wir in unsern größten Verlegenheiten und Gefahren Zuflucht nehmen müßen. Eine vollständige Probe, daß wir zu keiner Zeit nöthig haben ein anderes Hilfsmittel zu ergreifen! Denn ungeachtet das menschliche Geschlecht lang in der Finsterniß gehalten wird, oder sich selbst Jahre hindurch hat blenden laßen, so muß doch selbes zufolge der Natur der Sache behandelt werden, indem ihre Augen zu schwach sind auf einmal

das

das volle Tagslicht ertragen zu können, Licht muß ihnen stufenweise gestattet werden. Und ist diese Betrachtung von einigem Gewichte, so erlauben Sie mir selbe für eine Apologie, kein besseres als das vorangeführte System vorgeschlagen zu haben, zu gebrauchen.

II. Wenn Minorka nach vorhergegangenem Plane an das Haus Oesterreich abgetreten, und zu einer allgemeinen Niederlage und allgemeinen freien Hafen für alle Nazionen bestimmt würde, so könnte viel nützliches für die politische und handelnde Welt daraus entstehen; und es ist nicht wohl zu erweisen, was für ein großes Uibel durch einen dergleichen Antrag hieraus entstehen würde. Denn 1tens da Se. k. Majestät einen dergleichen Hafen für ein sicheres unterlegtes Depositorium zwischen den Niederlanden und Dalmazien unumgänglich nöthig haben, — so könnte ein von solcher Gattung füglich gegebener Wink eine große Bewegursache bei Seiner Majestät sein, seine Vermittelung zu Beilegung

gung der Strittigkeiten anzuwenden, und einen Ort in den Niederlanden zu Haltung des Friedenskongresses vorzuschlagen

2tens Kein Reich oder Macht auch, sogar kein einzelner Mensch kann bei Eröffnung eines dergleichen öffentlichen Markts für alle Nazionen sich beschwert finden. Denn da alle gleiche Freiheit der Ein- und Ausfuhr hätten, so würden sie alle von solchen auf ein oder die andere Art, einige mehr, einige weniger Nuzen ziehn; — keiner könnte sich benachtheiliget halten. — Gewiß die Engelländer könnten nicht dadurch beleidiget werden, weil sie die nämlichen Freiheiten, die sie dermalen besizen, mit noch größern Vortheilen ohne dieserwegen einen Schilling Ausgaben zu haben, genössen, — und was noch mehr ist, ohne die Furcht und Eifersucht der andern Mächte rege zu machen. Dem russischen Reiche würde daraus ein Nuzen erwachsen, indem eine dergleichen unterlegte Niederlage zwischen den äusersten Enden dieses großen Reiches (das ist zwischen Petersburg und Asow, wenn die Türken

die

die freie Schiffart durch die Dardanellen gestatten) dem nämlichen Endzwecke, wie für das Haus Oesterreich entsprechen würde. Und, was Frankreich, Spanien, und beide Ufer des mittelländischen Meers zu geschweigen, das nördliche Europa betrift, — dieses ist ganz leicht zubegreifen, daß alle diese Länder von einer dergleichen Einrichtung ansehnliche Vortheile ziehen würden, und besonders Frankreich würde sie vor allen andern benützen, weil es die mehresten Güter und Waaren auf diesen Hauptmarkt zum Verkaufe brächte, und die mindeste Nachfrage und Bestellung erfüllen könnte, und daher je weniger von andern verkauft, desto grösser würde die Ballanz zu Frankreichs vortheil sein.

3tens Der dem Hause Oesterreich eingeräumte Besitz eines solchen Fleckes, wie Minorka ist, könnte keiner Seemacht einen gerechten Verdacht erwecken; indem, wenn das Haupt dieses Hauses noch so begierig wäre eine Seemacht zu errichten, es doch für selbiges unmöglich fallen würde mit den einzigen drei Häfen als Ostende, Mahon und Triest, und deren jeder beinahe 1000 Meilen von dem andern entlegen ist, hierinn seine Wünsche zu erfüllen. Derohalben muß, so weit es Minorka betrift, ungeachtet aller andern im Sinne habenden militärischen Entwürfen, Friede, und Handlung die einzige Aussicht sein.

4tens Handlung ist also der einzige Gegenstand, welcher in diesem Falle befolget werden kann; Seine kaiserliche Majestät können eine hinlängliche Garnison mit geringem Aufwande unterhalten, — vielleicht in der That mit gar keinem. Denn dieser allgemeine Handelsplatz würde die Geschäftigen und Unternehmenden von allen Ländern herbeiziehn, eine solche Anzahl würde sich auf dieser Insel niederlassen, die sie volkreich wie einen Bienenstock machen würde; daher eine sehr gemäßigte Akzise oder Abgabe von der inländischen Konsumtion der Inwohner (wenn solche der Billigkeit nach aufgelegt würde) hinlänglich wäre, die Auslagen der Zivilregirung, nebenbei wahrscheinlicher weise einer

Gar-

Garnison von 2500 Mann tragen zu können: ich verstehe auf den Fuß wie die österreichischen Truppen gekleidet, erhalten und bezahlt werden, — nicht aber nach den Ausgaben der engelländischen Truppen und Garnisonen.

5tens Was immer für Vortheile andere Länder durch diese vorgeschlagene eröfnete Kommunikazion erhalten könnten, — desto größerer Vortheil würde daraus für das Königreich Hungarn erwachsen. Dieses schöne Land wird von jedermann für das fruchtbarste auf der Welt gehalten. Gewiß bisher ist es so vielen Schwierigkeiten und Hindernissen unterlegen, die es der handelnden Welt als eine Terra incognita dargestellt haben. Eine Schwierigkeit ist das Feudalgesetz, welches noch bis diese Stunde aldort und in den benachbarten Provinzen in einem stärkern Grade als in den übrigen Theilen von Europa, Pohlen ausgenommen, herrschet. Nun mein Herr, ein lehnbarer Baron mit seinen hundert Unterthanen auf seinem Gute (Sklaven im eigentlichen Verstande) verwendet nicht soviel auf

Nothwendigkeiten und Bequemlichkeiten, noch weniger auf das niedliche des menschlichen Lebens (das ist in Aussicht der Handlung sind er und seine dürftigen Untergebene keine so guten Abnehmer) als ein französischer Edelmann mit 25 Miethleuten oder ein engelländischer Edelmann mit 15. Und wenn Se. Majestät alle diese sklavischen Gesetze sobald es sein kann, und die Umstände der Sachen erlauben, abschaffen, — so wird solches mit der Zeit neue Quellen der Reichtümer und der Handlung öfnen, und zwar nützlicher als die Entdeckung weit entfernter Länder oder die Kolonien Ansetzung in entlegenen Wüsteneien sein. Die zweite Beschwerniß, welche Hungarn drücket, war der Abgang einer Kommunikazion mit dem übrigen Europa mittelst eines sichern und tauglichen Hafens. Diesem Uibel wird durch dieses vorgeschlagene Mittel in einem großen Grade abgeholfen. Denn die Errichtung eines solchen Hauptmarktplatzes in Minorka, wo von allen Ländern die Produkte und Manufakturen niedergelegt und verkauft werden könnten, würde beinahe bewirken, daß gleichsam Hungarn

von

von seiner Stelle gerückt, und näher an jene Länder anstieße, oder daß diese Länder näher an Hungarn versetzet worden wären — Ich sage die Kommerzial Erfolge und Wirkungen würden gewiß diese sein, und dan würden die Reichtümer Hungarns dnrch wohlgeordnete Weege und Umtrieb von Industrie und Aemsigkeit die Reichtümer von solchen Ländern, — vorzüglich von den großen handelnden Ländern, von Frankreich und Engelland an sich ziehn — und die Reichtümer Frankreichs und Engellands würden aus den nämlichen Bewegungsgründen die Reichtümer von Hungarn überkommen — das ist auf gut englisch, eine Nation würde bessere Abnehmer für die andere abgeben, weil sie um soviel reicher ist.

Dieser wechselseitige Umtrieb von Arbeit und Industrie ist die urgründliche Wahrheit in der politischen und kommerzial Wissenschaft, welche nie genug eingeschärft werden kann. O was für Meere von Blut wären in jedem Zeitalter erspart worden, wenn man genau sich darnach gehalten hätte.

III. Bei dem Aufruhre der Kolonien ist die einzige Sache, worin Engellands Ehre wahrhaft verflochten ist, einige Sicherheits- und Zufluchtsörter den königlich gesinnten Amerikanern gegen die Wut ihrer blutbürstigen republikanischen Verfolger zu verschaffen. Der vorhergegangene Plan hat, so wie ich verhoffe, genug für ihre Sicherheit gesorgt — In der That, da ihr einziges Verbrechen darinn bestunde, ihre Schuldigkeit gethan zu haben, und ihre Verheißungen der mildesten Regierung auf Erde treu zu bleiben erfüllt zu haben, so wird die Zeit kommen, daß sogar ihre Verfolger diese königlichen Amerikaner aus einem andern Gesichtspunkte betrachten werden. Sie werden solche für ihre getreuen Ermahner ansehn, welche ihr sinkendes Land retten wollten, wenn man der ächten Vernunft und gesunden Politik — ohne ein Wort über Treu und Glauben, Ehre und Gewissen zu erwähnen gestattet hätte die Oberhand zu gewinnen. Erlauben Sie mir gleicher Weise beizufügen, daß, wenn der Zeitlauf den Verfasser dieser Briefe, so albereit mit Jahren und Krankheiten geplagt

ist,

ist, wird niedergestreckt haben, — vielleicht selbst Herrn Necker beliebig sein wird zu sagen: " Was " für ein Schaden, daß auf des Dechant von " Glocester Rath nicht mehr geachtet worden. Sei= " ne Beobachtungen waren richtig — daß der " Krieg, in den wir uns so tief eingelassen ha= " ben, und welchen wir mit solchem unüberlegten " Eifer für vortheilhaft hielten, große und drü= " ckende Uibel für alle besonders für Frankreich, " und für keinen etwas gutes hervorbrachte. "

Obwohl es für mich selbst gleichgiltig sein wird, ob Sie sich herablassen wollen, einigen Gebrauch von meinen Schriften zu machen oder nicht, so bin ich mir doch einer Zufriedenheit bewußt, wenn ich Sie für einen Mitarbeiter der guten Sache des Friedens halte. Viele Stellen aus Ihrem Buche beweisen zur Genüge, daß Sie eine edle Bekümmerniß für das ganze menschliche Geschlecht haben, und patriotisch im besten Verstande des Wortes sind: **Ein Freund des menschlichen Geschlechts.**

Stets stolz von allen, die diesen Karakter besitzen, mit Wohlwollen begünstiget zu sein, habe ich die Ehre mit desto größerm Vergnügen mich zu unterschreiben.

Mein Herr

Ihr Ehrfurchtvollester und
Gehorsamster Diener,
J. Tucker.

Glocester
Nov. 28 1781.